口……、ノルマンディー地方、タンのサン・ピエール教会堂、11-12世紀。様式名ロマネスクの名付け親の一人、シャルル・ド・ジェルヴィルがこよなく愛したロマネスク教会堂。森と牧草地と小川に囲まれて立つ。「あなたは美しくて清らかで魅力的だ、タンの教会堂のように」（ジェルヴィルの書簡から）、p172参照

口絵2　フランス、サン・テュトロップ教会堂、地下聖堂、11世紀、p127参照

口絵3（2点）　初期サン・ピエトロ大聖堂祭壇を逆遠近法で描いた5世紀の象牙製小箱（いわゆる「ポーラ・カスケット」、クロアチアのイストリア半島プーラ付近で出土）の装飾図像。ぶどうの木を模したねじれ柱が見て取れる、p59参照

口絵4　スペイン、サンティアゴ・デ・コンポステーラ大聖堂、主祭壇、聖ヤコブ像（13世紀）から望むねじれ柱（17-18世紀）。ぶどうの房まで描かれている

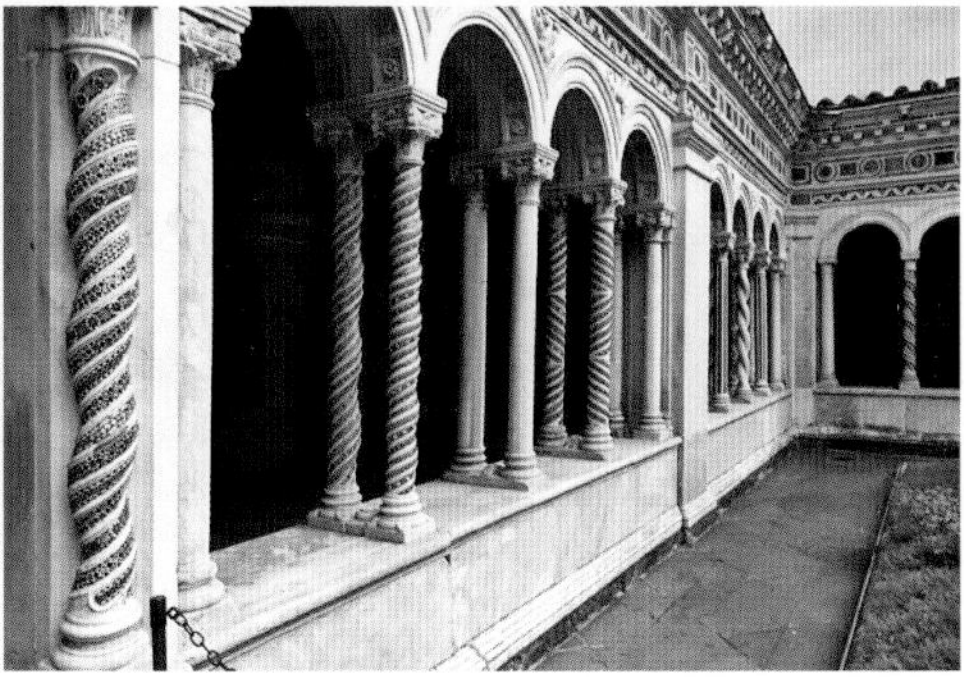

口絵５　フランス、アヴァロン、サン＝ラザール教会堂、西正面扉口、12世紀、画面手前と左奥にねじれ柱、p61参照

口絵６　イタリア、ローマ、サン・パオロ・フォーリ・レ・ムーラ教会堂付属回廊、コスマティ風象嵌のねじれ柱、13世紀。左はねじれ柱の象嵌の拡大図、p83参照

口絵７　フランス、シャルトル大聖堂、南バラ窓下の５連窓ステンドグラス、13 世紀。旧約聖書の預言者の肩に乗る新約聖書の書記の図像だが、古代人の肩に乗る中世ロマネスク時代の人々の在り方を語ったシャルトルのベルナルドゥスの言葉に想を得ていると思われる、p206 参照

口絵８　フランス、サン・スヴェール・シュル・ラドゥール、サン・スヴェール修道院付属教会堂、身廊の柱頭彫刻、11 世紀、植物模様のなかの人面動物図像。ロマネスク時代にはこのように柱頭彫刻も彩色されていた。なお同修道院では 11 世紀半ばにベアトゥスの『ヨハネ黙示録註解』の写本（俗称『サン・スヴェールの黙示録』）も制作されており、写本挿絵と柱頭彫刻との関連もロマネスク研究の重要なテーマになっている

ちくま新書

ロマネスクとは何か
——石とぶどうの精神史

酒井 健
Sakai Takeshi

1525

ロマネスクとは何か——石とぶどうの精神史【目次】

序　011
豊かな自然のなかで　都市の宗教から地方の宗教へ　「つながり」と地方の多様性　「ロマネスク」とは「古代ローマ風の」という意味　ロマネスク教会堂の基本形態　アイルランドから

第1部　ロマネスクの原点　031

第1章　古代ローマのロマネスク　032

1　ある霊廟から　032
イギリスの名付け親　連続アーチ　揺れ動くガンの価値評価　何を前面に出したいのか　もう一人の名付け親の見方

2　ぶどうの装飾　046
美しいモザイク画のイエス　ぶどうに囲まれて　ディオニュソス信仰　「故意の曖昧さ」

第2章　ねじれ柱　058

1　ぶどうの木のつながり　058
サン・ピエトロ大聖堂の起源　ねじれ柱のゆくえ　ユダヤ教と農民　「私はぶどうの木」

2　形か物質か　068
サン・パオロ・フォーリ・レ・ムーラ　尖鋭な活動家　「ガラテヤの信徒への手紙」　はっきりした区別　形を重視する表現　樹葉と人面の混交　ねじれ柱の物質性　十字架はぶどうの木　石柱が樹木になって福音を語りだす

第2部　古代から中世へ　093

第1章　小さな罪　094

1　異教の演劇から　094
不徹底な異教対策　エロティックな演技　能動的な神像　ローマ喜劇の仮面がロマネスクの悪魔の顔になる

2　アウグスティヌスの批判　106
演劇は伝染病　好奇心への批判　「小さな罪」を浄める旅路　有徳の人からそうでない人々へ　罪の意識の拡大

第2章　新たなネットワークへ　116

1　神の遍在と星団の散在　116
新たな見方　「クモの巣」と「銀河系」　イングランドのローマ　ローマの石を再利用する　あえて地元の石材で　物質そのものへ　さまざまな変化のはてに

2　言語の新たな展開　130
騒がしい民衆　カール大帝の対策　キリスト教とラテン語　神秘ラテン語　目に見えないものへの信仰　荘厳の聖母子　黒い聖母　黒は大地の色　神と自然の現れに呼応して

第3部　ロマネスクを生きた人々　155

第1章 出現 156
1 幻視 156
教会堂が白い姿で現れる――ロドゥルフス・グラベル 「紀元千年の恐怖」 現実の出来事を何かの前触れと捉える ロマネスク的な歴史書 悪魔の出現とその描出 「有益な啓示」だけでなく
2 批判 165
柱頭彫刻は何のために――クレルヴォーのベルナルドゥス 別の視点から 軒の下に力を クリュニー会修道院の料理 神学者の自然観 ワインもまた絶品
第2章 古代からのさまよい 180
1 ローマの遺跡 180
ロマネスク司教、ローマに現れる――ラヴァルダンのヒルデベルトゥス 曖昧な詩の世界へ 「ローマはかつてあった」 職人の創造力 十字架は逆転の象徴 十字架都市ローマ
2 つながりを求めて 193

ルネサンス人ペトラルカのローマ体験　栄光の古代と暗黒の現代　視点のさまよい　ロマネスクの美しい詩　ル・マン大聖堂のなかで

3　古代人の肩に乗って　206

謙虚で新たな時代認識―シャルトルのベルナルドゥス　困難な接続　「生得的形相」をめぐって　成長への期待　母なる「場」

第3章　祈りの旅路　219

1　巡礼　219

母なる地のロマネスク―シャルトルのフルベルトゥス　井戸水と母乳　アニミズム　ル・ピュイの美しい伝説　さまざまな信仰が重なって　雪の聖母　冬の旅―ル・ピュイのゴデスカルクス　スペイン王のために　聖ヤコブ信仰　聖俗の願いごと

2　祈りのダイナミズム　242

レコンキスタの新たな展開―レオンのフェルナンド一世　代禱　建築資金を欲してスペインへ―クリュニー修道院長フーゴ　中世の「蕩尽」　クリュニーの現在とスペインの過去に開かれた政策　ロマネスクの天蓋の下で《羊飼いへのお告げ》　闇のなかでの祈り　ある思い

結びにかえて――語りそびれたことなど　264
英仏海峡にて「ノルマン・コンケスト」と「バイユーのタピストリー」　聖戦のなかの異教信仰　ベアトゥス写本の陽気な龍　スペインの「間」　ボトム・アップの地　中世の墓地　アジールで踊る人　宗教とは何か

主要参考文献　291

あとがき　299

序

†豊かな自然のなかで

図序-1　フランス、オヴェルニュ地方、サン＝ネクテール教会堂、外観

　フランス中部山岳地帯のオヴェルニュ地方を訪れてみよう。

なだらかな山地に森が続く自然豊かな地方だ。そのなかに中世ロマネスク時代の素晴らしい教会堂がいくつも建っている。たとえばサン＝ネクテール教会堂。周囲を山々や樹木に囲まれ、ひっそり、落ち着いた佇《たたず》まいである。建物の姿といい、周囲の環境といい、ロマネスク様式の教会堂の代表例と言ってよい【図序-1】。

　教会堂であるから、もちろんキリスト教の建物である。

キリスト教は、自然界を超えた天上に唯一の神が存す

図序-2（3点）　サン＝ネクテール教会堂の内部と柱頭彫刻

ると信じ、この神を崇敬する一神教である。それが中世の時代、大自然の、それもみごとな景観のなかに教会堂を建て、自然界と融和しようとした。

　自然界は異教の神々の温床である。異教とはこの場合、自然崇拝の多神教を指す。日本人にもなじみのある信仰のスタイルだ。自然の様々な場所や現象に神聖な雰囲気を感じ、森の神、川の女神、泉の妖精、嵐の大神、風の霊がいると信じている。動物たちも、たとえば空飛ぶ鳥も、草食《は》む牛も、地を這《は》う蛇も、神として崇敬される。

一神教と多神教は、神の数も違うし、神の居場所も異なる。なのに、中世ロマネスク時代のキリスト教は両者をつなげようとした。サン＝ネクテール教会堂に足を踏み入れてみよう。その薄暗い堂内の柱の頂きに目をやれば、柱頭彫刻として大きな樹葉や、竪琴を奏でるロバ、それに聞き入るヤギ、そして口から蔓を伸ばす人間と植物の混成物が彫り込まれている【図序-2】。こうした装飾ではキリスト教の意味づけと動植物への信仰がつなげられている。

†都市の宗教から地方の宗教へ

キリスト教は、イエスが興した新興宗教ではない。イエスはユダヤ教徒であり、しいて言えばユダヤ教の改革派だった。当時のユダヤ教の行き過ぎた二つの傾向を正そうとしたのだ。彼は、律法遵守、神殿参拝という人間の働きかけによって神を動かそうとする発想（律法を守れば、神殿に詣でれば、神は人間の言うことを聞いてくれる）と、その働きかけを司《つかさど》って権威を得る律法主義者や神殿主義者を批判して、絶対的な存在としての神が神自身の意思で動くことにより人間が救われると説いたのである。

しかしイエスはこの批判がもとで西暦三〇年頃にエルサレムで十字架刑により処刑されてし

まう。残った弟子たち（イエスの出身地にちなんでナザレ派とも呼ばれた）は、エルサレムを中心にユダヤ教の枠内で師の教えを説いていた。イエスをキリスト（救世主）として称《たた》えながら、そうしていたのだが、やがて古代ローマ帝国に対する独立戦争（六六―七三）でユダヤ側が敗北するとユダヤ教徒の保守化が進み、この改革派はユダヤ教から分離を余儀なくされ、一つの宗教に、つまりキリスト教になっていった。当初、その信徒は古代ローマ帝国の東地中海沿岸の都市に多かった。以後もイタリア半島、そして現在のスペイン、フランス、イギリスにあたる古代ローマ帝国の西側の領土でも都市を中心に勢力を伸ばしていった。

三一三年のローマ皇帝コンスタンティヌス一世（大帝とも、在位三〇六―三三七）によるキリスト教公認（ミラノ勅令）はキリスト教にとってまことに大きな出来事であって、それ以降、信徒は帝国権力から迫害を受けることなく、公然と信仰活動に向かうことができるようになり、教会堂もローマをはじめ帝国内の都市に建てられていった。三九二年には皇帝テオドシウス一世（在位三七九―三九五）によってキリスト教が国教化され、帝国の唯一の宗教と定められるのだが、古代ローマ帝国は三九五年に東西に分裂し【図序-3】、西ローマ帝国は四七六年に滅んでしまう。西欧世界はここからいちおう中世の時代へ入るわけだが、中世初期はヴァイキングなどの異民族の度重なる侵略、気候の寒冷化が影響して都市は衰退していった。農業も不振で、地方に活気はなくなる。

しかし一〇世紀半ば、ようやく異民族の劫掠《ごうりゃく》が終わり、気候が温暖になると、まず農業が復活し始める。農村、そして人里離れた修道院が活況を呈するようになる。地方領主は自分の所領の村に教会堂を建てたり、修道院の新設を支援した。また既存の修道院も、自給自足の建前から農業の運営と技術革新に熱心であり、その余剰の収益や貴族からの寄付によって院内の教会堂を増改築していった。

　中世中期のロマネスク文化はこうして農村や地方の修道院を中心に花開いていくのである。当時の西欧は、都市が過疎化したままで、都市の囲壁の内ですら畑や牧草地、ただの野原が散見されるほどだった。いわんや都市から一歩外に出れば、そこはもう広大な森や平原といった自然界が広がっていた。キリスト教は、紀元一〇世紀半ばから、村落と変わりない都市、そして何より都市の外部の自然豊かな地で本格的に再スタートをきったのである。ロマネスク文化はこうして始まり、それ自体の時代としては一二世紀半ばには終息する。つまり正確に言えば、一二世紀半ばに再興なった都市でゴシック文化が誕生してからもある期間、ロマネスクはゴシックと共存しながら存続するのだが、やがて農村部にもゴシックが浸透する一三世紀には静かに消えていったと

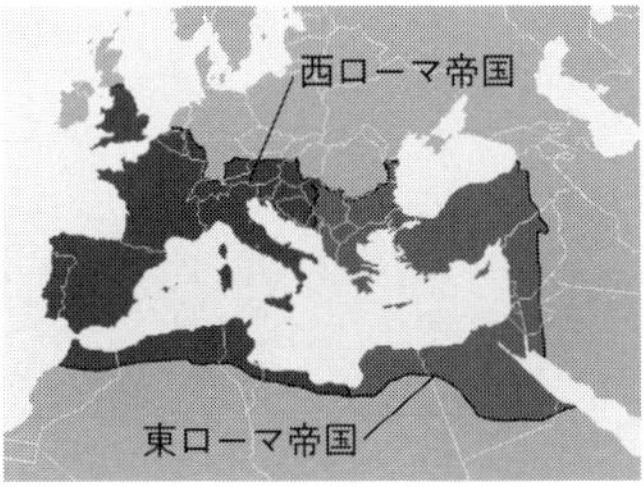

図序-3　ローマ帝国の東西分裂、395年

いうことだ。ともかくこの流れをロマネスクに特化して狭く捉えれば、ロマネスク時代とは、いちおう一〇世紀半ばから一二世紀半ばまでとなる。

その文化所産の主たるものは教会堂とその内部の装飾であるが、修道院で制作された写本挿絵、同じく修道院で作られ歌われた聖歌、さらに貴族や民衆を喜ばせた吟遊詩人の詩歌や大道芸人のパフォーマンスも重要である。

†「つながり」と地方の多様性

本書は「つながりを求めて」という姿勢にロマネスク文化の特質を見ている。「つながり」とはまず一神教と多神教とのつながりなのだが、ロマネスク時代の人々が欲した「つながり」はそれだけではない。生と死。古代と自分の時代。キリスト教とイスラム教。そして目に見えるものと見えないもの。現代のわれわれからすれば、どれも根本的に異なっている。二つのあいだの相違や対立は明らかであるように思える。しかし彼らロマネスク時代の人々はこれらをつなげようと模索した。根本的に異なるものとつながりたくて、その異なるもののほうへさまよい出ていたのである。

その結果、じつに様々な姿や色合いの制作物が生み出された。教会堂の建物ひとつとっても、同じフランスのなかでオヴェルニュ地方と西北のノルマンディー地方のロマネスク教会堂は形態を異にする【図序－4】。両者とも、古代ローマのバシリカ建築（後述する）と「つながり」があるのだが、その外形はずいぶん異なる。

なぜこうした違いが生じたのか——それはロマネスク時代の人々が種々の「つながり」を欲したその欲求のあり方が地方ごとに異なっていたからなのだ。言い換えれば、ロマネスク時代には、西欧全体に通じる統一基準がなかったということである。それぞれの地域の生活、風土、美意識、そして年代に応じて、「つながり」への欲求の表現が異なってなされたということである。

図序-4　フランス、ノルマンディー地方、トールヴァのサン＝マルタン教会堂、11-12世紀

†「ロマネスク」とは「古代ローマ風の」という意味

「ロマネスク」という様式名はロマネスク時代にあったのではなく、一九世紀初めにイギリスとフランスの好古家（考古学者の前身）によってそれぞれ個別に編み出された言葉なのだが、意味するところは「ローマ風の」である。よりくだいて言えば、古代ローマに似ているが異なる、似て非なるという意味である。古代ローマの建築や装飾を手本にしながら、それぞれの地で異なった表現が試みられたと

いうことだ。

多様性が中世ロマネスク文化の特徴であるのに対して、古代ローマの特徴は画一性である。

古代ローマは首都ローマを中心にした都市文化をその広大な支配地に展開した。帝国内の各都市の景観は、どの都市へ行っても首都ローマと同じように碁盤の目状の街路に整えられていて、そこに首都ローマと同じような建物が立ち並んでいた。神殿、バシリカ（会議から商談までの多目的建築物）、凱旋門、浴場、広場、円形闘技場などの石造りの公共建築物が威容を誇っていたのである。しかし四七六年に西ローマ帝国が滅ぶと、西欧では統一的な支配権力がなくなり、あるいは支配権力が成立しても短期間しか続かずその支配力も脆弱だったため、各地方でそれぞれ独自色の強い文化が育った。とくにロマネスク時代がそうだったのだ。

とは言え手本は古代ローマだった。まず古代において西欧の広い地域に画一的なローマ文化が広がった。そして中世、とりわけロマネスク時代になって、各地方ごとに古代ローマを手本にしながら独特の文化が形成されたのである。各地のロマネスク教会堂の基本は古代ローマのバシリカだった。バシリカとは長胴形の単純明快な建築物である。列柱の立ち並ぶ広場に木造の屋根が付けられた建物と考えればよい。用途も広場と同様に多目的だった。その内部の柱、そして柱と柱のあいだに架かるアーチも、中世ロマネスク教会堂の手本になった。柱頭彫刻などのロマネスクの内部装飾も古代ローマに由来する場合が多い。

そもそも教会堂や殉教者記念堂などキリスト教の建築物は三一三年からコンスタンティヌス大帝みずからが指揮して建設が進められたのであって、そのとき建築の基本形として採用されたのがバシリカだったのである【図序-5】。そのほかに、平面図では円形で、その天井にドームが架かるロトゥンダ【図序-6】も採用された。円の中心に祭壇や棺が置かれ、それを囲む列柱が円環をなすので「集中式」とも呼ばれる。

この二つのうち古代ローマ帝国の西欧地域の都市にはバシリカ形式の教会堂や記念堂が多く

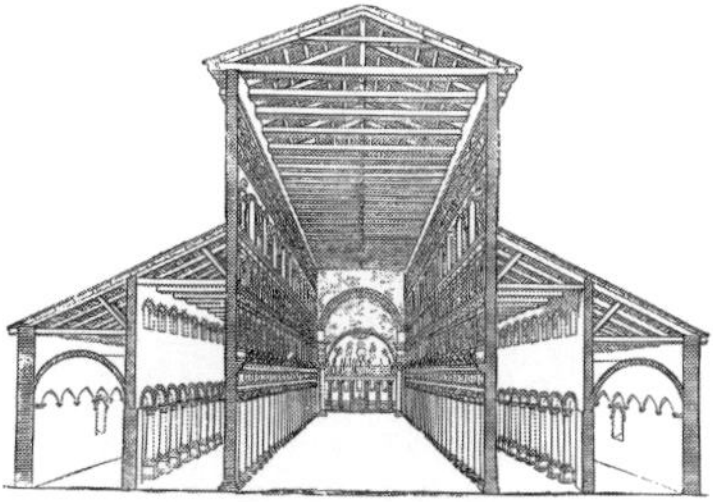

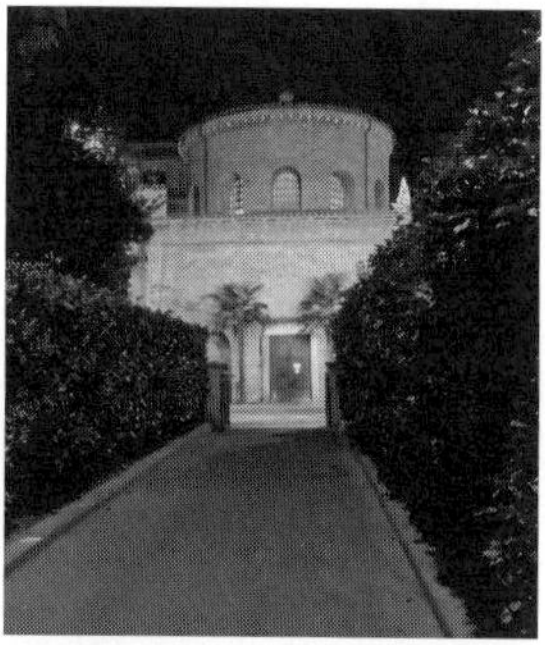

▲図序-5　ローマ、バシリカ式の初期サン・ピエトロ聖堂
▼図序-6　古代ローマのロトゥンダ、サンタ・コスタンツァ霊廟西正面、4世紀

建てられた。四七六年に西ローマ帝国が滅ぶと都市も徐々に衰退していき古代ローマ時代の建築物は廃墟と化したが、ロマネスク時代の建築職人は古代ローマのバシリカやバシリカ形式の教会堂の遺構を手本に教会建設を始めた。装飾に関しては都市の遺構のほかに、各地方にこれも廃墟として残っていた古代ローマ貴族のヴィラ（荘園、別荘とも）の床や壁のモザイク装飾が参考になったのである。

こうしてロマネスク時代の人々は古代ローマを手本に作業を進めたわけだが、しかし模倣に終始したのではない。彼らはそれぞれの地の「つながり」への欲求の赴くまま、古代ローマを取り込み、その地方独特の建築や装飾を制作していった。

†ロマネスク教会堂の基本形態

教会建築はこうして多様な姿を呈するようになったわけだが、あえてロマネスク教会堂の共通の特徴を挙げれば次頁の図のようになる【図序-7】。いずれもバシリカに付け加えられた新たな建築のパーツだ。均整のとれた古代ローマの建築から溢れ出る何かを感じさせる。必要以上の何か、余剰の生命力のようなものがロマネスクの教会堂にはある。復活なった西欧キリスト教文明の新たな息吹きと言ってもいい。

まず大きな鐘を吊るすための塔がバシリカに付け加えられた。鐘塔（鐘楼とも）である。この塔はその数も位置も形状もまちまちで、西正面の左右の扉口の上に双塔として上空に伸びている場合、図序-4（一七頁）のトールヴァのサン＝マルタン教会堂のように身廊の中央がそのまま迫り上がって塔になっている場合、さらに図序-1（一一頁）のサン＝ネクテール教会堂のように西正面の双塔に加えて身廊と翼廊の交差するところに単塔が伸びている場合がある。古代ローマや、これを継承したルネサンス以降の古典主義美学からすれば、塔の付加は建築の構造上、安定感に欠けるとして良くは評価されないのだが、ロマネスクではさかんに造られ、ゴシックではさらに高い塔が建設された。過剰なものを欲するのが中世なのである。

図序-7　ロマネスク教会堂の断面図、鯉田豊之『ヨーロッパ中世』（『世界の歴史9』）河出書房新社、1989年より

　翼廊というのもバシリカにはなかった建築部分だ。上から見れば身廊の南北に突き出た部分で、身廊の奥の内陣、後陣と合わさって、十字を形成している。長方形のバシリカが十字形になったわけだ。

　さらに地下にも新たな建築空間が切り開かれた。クリプト（地下聖堂）である【図序-8】。その教会堂にとって最も重要な聖人の棺や遺物がここに祀《まつ》られた。教会堂を建てるときは原則として最初にこの部分から建設が始まる。したがってクリプトはその教会堂の一番古い部分にあたる。それだけにここを飾る柱頭彫刻や壁画は貴重な歴史の証言になっている。さらにクリプトには古井戸が大切に保存されている場合がある【図序－9】。清らかな水や大地の底を信仰したケルト、ゲルマンなど西欧古層の自然崇拝の名残りである。ロマネスク教会堂はもともとあった異教の聖地や礼拝所の上に建てられる

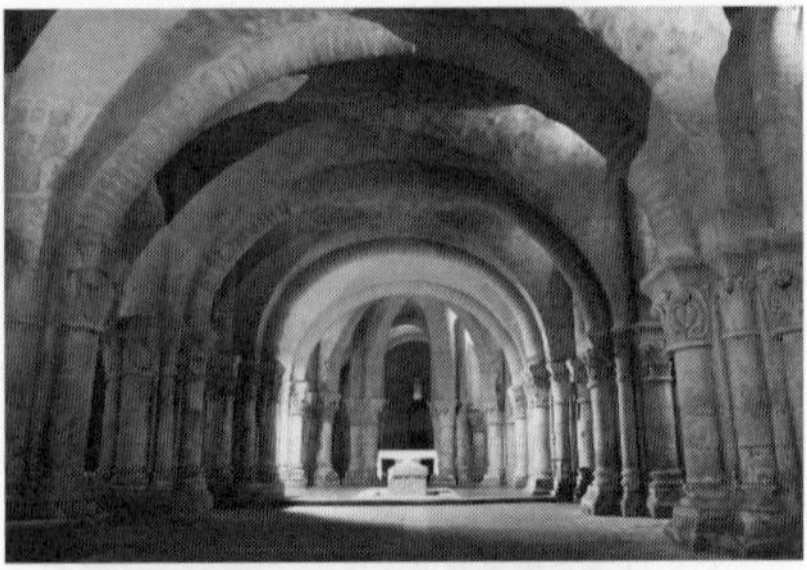

▲図序-8　フランス、西部シャラント地方、サントのサン・テュトロップ教会堂、クリプト、11世紀。中央の祭壇の前に聖テュトロップの石棺が置かれている
▼図序-9　フランス、オヴェルニュ地方、モザックのサン＝ピエール・サン＝カプレ大修道院付属教会、クリプト、10世紀。古井戸が保存されている

ことが多く、古井戸の遺跡は異教とのつながりを証している。

アーチについて言えば、ロマネスク教会堂は古代ローマの建築物と同様に半円形アーチを多用した。だが古代ローマ建築の場合、同じ大きさのアーチが規則正しく反復されているのに対して、ロマネスクではある一定の反復が認められはするものの、違う大きさの半円形アーチや、違う形のアーチ、たとえば馬蹄形アーチと共存していたりする。古代ローマで尊ばれた一貫性、統一性、調和に欠けるアーチの多用である。

馬蹄形アーチとは、アーチの幅が馬の蹄鉄のように立ち上がりよりも広くなっている形のアーチのことで（アーチの下部が半円を超しているのでフランス語では「過ぎたアーチ」〔arc outré〕と呼ばれる）、図序－1のサン＝ネクテール教会堂の中央の塔の上部にも見出せる【図序－10】。もとをただせば西ローマ帝国に由来するらしいのだが、その西ローマが滅亡したあとにイベリア半島を支配した西ゴート王国の教会堂で採用され、さらに八世紀この地を征服したイスラム勢力が首都コルドバの大モスクで華々しく多用した【図序－11】。この大モスクのアーチでは赤と白の縞模様も見られる。アーチの色相交差は東ローマ帝国に端を発するとされる

図序-10　サン＝ネクテール教会堂（図序-1）の拡大図

が、これを大々的に展開させたのもイスラムだった。エルサレムにあるイスラムの記念堂「岩のドーム」の内部にもこれが見出せる。

ともかくもロマネスク時代の人々はこの色相交差をさかんに教会堂に採用した。中世美術史家のエミール・マール（一八六二―一九五四）によれば、オヴェルニュ地方のロマネスクの名刹《めいさつ》、

▲図序-11　スペイン、コルドバの大モスク内部、8-10世紀。半円形アーチの下に馬蹄形アーチが組み合わされている
▼図序-12　フランス、オヴェルニュ地方、ル・ピュイ大聖堂西正面、12世紀

ル・ピュイ大聖堂の西正面アーチ【図序-12】はコルドバの大モスクの影響である。ロマネスク時代、キリスト教文明はイスラム文明と戦闘を繰り返していた。スペインではレコンキスタ(失地回復運動)の戦いの最中であり、一一世紀末からは十字軍がイスラム占領下のエルサレムに遠征していたのである。だがこうして対立しながらも、ロマネスク時代の趣向は、敵の文化所産とつながろうとしていたのだ。

†アイルランドから

中世ロマネスクの源流はこれまで述べてきたとおり古代ローマにあるわけだが、キリスト教と自然界の深い融合という点ではアイルランドのケルト系キリスト教を源流の一つとして挙げていいだろう。古代ローマの軍勢はイングランドまで支配したが、その隣のアイルランドは放置した。この九州の二倍ほどの大きさの島は古代ローマの都市文明を知らないまま、そして豊かな自然を蔵したまま、四世紀にキリスト教を受け入れ、ケルト伝来の自然崇拝と融合させていった。修道院を、島の各地に村落共同体のように展開していったのだ。

私もアイルランドへ赴いたことがある。真冬の早朝、まだ真っ暗なダブリンの駅を発ち、この島の中央に位置する町アスロンまで鉄道で行き、そこからタクシーにしばらく乗って、クロンマックノイズを訪れた。

言い伝えによれば二人の敬虔な信徒が同じ夜に一本の大樹の夢を見て、その意味を読み取って教会堂の建設を思い立ったという。六世紀半ばのこと、彼らのうちの一人キアランはこの地を訪れて木造の聖堂を建て、それが発端になり八世紀から一三世紀にかけて石造の建物がいくつも造られた。アイルランドを代表する修道院文化がこの地に花開いたのだ。残念ながら、一五五二年、イングランドのアスロン駐屯軍による略奪にあって破壊され、今は廃墟しかない。小さな僧房も、慎ましやかなロマネスク時代の教会堂も、今は石の残骸である。緑の草地には、十字に円環を回したケルト十字架が点々と立ち並んでいる【図序-13】。建物は死に、修道士や村人たちの墓標が立つばかりである。書庫とも倉庫とも、はたまた見張りのためとも言われるケルト修道院特有の円塔がぽつんと所在なく建っている。繁栄を誇った中世の世界は終わってしまったのだ。

そのなかを歩き回りながら、私は終始、不可思議な轟音《ごうおん》を耳にしていた。この大きな音は何なのか。どこから来るのか。夜が明け、あたりはようやくに白みだした。その奥へ目をやると、強い風の向こうに大河の広がりが見出せた。最初は海かと思ったほどである。視覚がくらくらして、島の中央に来ていることすら私は忘れてしまっていた。轟音はこの大河から来ていた。シャロン川が濁流となって激しい勢いで流れていたのである。川から吹き寄せる強い風が、私の耳を絶えず打ちながら、この広大にして激しい水流の音を伝えていたのである【図序-14】。

北の地の冬の早朝は寒さが厳しかった。だが濁流の音と強風は私を熱くした。この地の修道士たちは天の神を思いつつ、この大河と風に毎日、身を晒《さら》し、その勢いを体感していたのだ。いや、愛しさえしていたのである。ケルト十字架の円環は自然界の終わりなき循環を表すと言われている。天を志向する十字と自然の輪廻が共存するこの十字架は、シャロン川の岸辺を愛し修道院を開いたキアランの情熱と合致する。轟《とどろ》く大河と強烈な寒風に熱くなりながら、私は

▲図序-13　アイルランド、クロンマックノイズ、ケルト十字架の群れ、6-12 世紀
▼図序-14　シャロン川を背景にしたクロンマックノイズの遺跡、右にアイルランドの修道院特有の円塔が立つ

ロマネスクへの思いに強く駆られた。天上の神への信仰と自然への愛をともに生きていた人々の文化を語ってみたいと思ったのである。かれこれ十五年前のことだ。

私は二〇〇〇年に『ゴシックとは何か——大聖堂の精神史』を上梓した。本書はその姉妹編となるのだが、執筆には苦慮した。多様性ゆえにロマネスクへの旅は楽しいのだが、語るとなると難しくなる。多様性を特徴とするロマネスクをどうやって統一的視点で語るか。この根本的な矛盾に私は苦しんだ。「つながり」を求めてのさまよい、ようやくにこの視点で船出ができそうである。『ゴシックとは何か』が中世後期からルネサンス、そして近代へ時を下ったのに対して、本書では古代ローマと中世中期とのあいだを何度か行き来する。とりわけ第1部ではそうである。ローマ的でありつつ、そうでない。ローマ的でありながら、ローマから逸脱している。ロマネスクとはこうした曖昧さを特質とする文化なのだ。

ドイツの哲学者マルティン・ハイデガー（一八八九—一九七六）に言わせれば、歴史に対する態度とは「過ぎ去ったもの」を、客観的にただ物を眺めるように考察することではなく、過去の人々の生き方に呼応することだとなる。とりわけ既成の在り方から出ていき、自分本来の生を欲した人々の呼び声に応えることが大切だとされる（『存在と時間』第七三—七四節）。本書で私は、つながりを求めて新たな世界へ出ていこうとした彼らロマネスク時代の人々の呼び声を少しでも聞き取って、読者に届けたいと思っている。その読者に向けた私の書き方も、さまよいながらつながりを求めてということになりそうだ。歴史の散策にしばしお付きあい頂ければ幸いである。

第1部

ロマネスクの原点

ハドリアヌス帝がティボリの別荘に造らせたカノプスの列柱、ウィリアム・ガンが唱えた「連続アーチ」の初期の作例

第1章

古代ローマのロマネスク

1　ある霊廟から

†イギリスの名付け親

ローマの玄関口、テルミニ駅からバスで二〇分ほどノメンターナ通りを北上し、その左側の沿道のやや奥まったところにサンタ・コスタンツァ霊廟《れいびょう》がある。四世紀にコンスタンティヌス大帝（在位三〇六―三三七）が自分の愛娘コスタンツァのために建てさせた小さなロトゥンダだ（図序-7、二二頁）。その当時、このあたりはローマの囲壁から二キロほど外であったが、今ではローマ市内の落ち着いた住宅街になっている。

霊廟とは死者の霊を祀《まつ》る建物のことである。サンタ・コスタンツァ霊廟は、ロマネスクとの関係で言うと、二つの点で重要だ。

一つは様式名「ロマネスク」の名付け親の一人、イギリス人のウィリアム・ガン（一七五〇―一八四一）がこの霊廟の柱とアーチの関係に注目して、これをロマネスクのキリスト教建築物の最初期の例とみなしていたことである。もう一つは堂内の天井や壁面を飾るモザイク画の保存状態がよく、当時の信仰のあり方がつぶさにうかがえることだ。死を生につなげる願いが見て取れるのである。

ガンは、イギリス東部のノーフォーク州の田舎で牧師の職に就いていた。と同時に好古家として歴史に興味を持っていて、イタリア探訪いわゆるグランド・ツアーに出て、ヴァチカン宮殿などの図書館で歴史資料を渉猟《しょうりょう》したり、古代ローマの遺跡や遺構を観察したりしていた。

その成果の一つとして彼は『ゴシック建築の起源と影響への考察』を一八一九年にイギリスで出版した。ゴシック建築の起源を古代ローマにまで遡って考察する試みだ。「まえがき」には一八一三年一〇月二三日の日付が入っており、その注記には「諸般の事情で出版が遅れた」とあるから、本文は一八一三年にはできあがっていたのだろう。ともかくも「ロマネスク」なる様式名が初めて登場するのはこの書においてである。冒頭からゴシックの起源を表す重要な概念として語られる。

ガンは「ロマネスク」の出現を中世ではなく古代ローマ末期に見立てている。中世ゴシック建築の起源はロマネスクにあり、そのロマネスクは古代ローマに直接、端を発しているというのである。今日誰しも、中世にこそロマネスク様式の建築物は存在していたと考えるが、ガンの発想はこれとは違う。すでに古代ローマの帝政末期に古代ローマ建築から「逸脱」したロマネスク様式の建築物が造られ、その発展形態の一つとして尖頭アーチを特徴にするゴシック様式の建築物が西欧中世に顕著になったと説くのである。彼にとってロマネスクは、ゴシックの母体となる古代ローマの様式なのだ。

ではいったいガンはそのロマネスクを具体的にどのような様式と見ていたのだろうか。

†連続アーチ

まずアーチが問題になる。

同じ形の半円形アーチを連続して平行に架けるのが古代ローマの建築である。

ガンはこの連続アーチに注目するわけだが、しかし彼がロマネスクのアーチとして問題にするのは、南フランスの水道橋ポン・デュ・ガール【図1-1】やローマの円形闘技場【図1-2】に見られるような、壁体と合体しているアーチ、つまり積み石やレンガでできた壁（あるいは柱もどきの壁）がそのまま延長してできているアーチではない。あくまで石柱がまず独立して立ち、それが列柱として整然と立ち並ぶなかでアーチがどのように架かっているのか、アーチが石柱のどこから伸びているのか、石柱とアーチの関係をガンは問題にしているのだ。

当初、連続アーチは石柱の奥に、そして柱頭より低いところに架けられていて、控えめだった。しかし次第にアーチが柱と同じ面に、つまり前面に出てきて、しかも石柱の上から架けられて、その連続性をアピールするようになったのである。ガンが注目するのはこの変化だ。最初期の作例としてハドリアヌス帝（在位一一七―一三八）がローマ近郊ティボリの別荘に建てさせたカノプスの水辺の列柱（一三一年より後の建造）が挙げられる（本書第1部の扉の写真）が、ともかくもガンがその著の末尾に付した図版【図1-3】を見ながら、彼の説くところに耳を傾けてみよう。

▲図1-1　南フランス、ポン・デュ・ガール、紀元1世紀

▼図1-2　フォロ・ロマヌムの高台から見た円形闘技場、紀元1世紀。手前はティトゥス帝の凱旋門、ユダヤ戦争での勝利を記念して建てられた。アーチは石柱の奥半ばから発している

アーチが導入されることになっても、それらアーチは柱と柱のあいだに、アーキトレーヴの線より下のところに置かれていて、構造の強度が損なわれることはなかった（Fig.1）。しかし私が先ほど言及した想像力豊かで気まぐれな（fanciful）刷新の

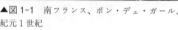

時代になると、既定のあらゆる規則からの著しい逸脱（deviation）が認可されるようになる。この逸脱は、アーチが本来あるべき柱と柱のあいだから移動して柱の上に引き上げられたということなのである。この場合、アーチは柱頭のアバクスから伸びる場合もあれば（Fig.3）、エンタブレチュアのコーニスから伸びる場合もある（Fig.2）。

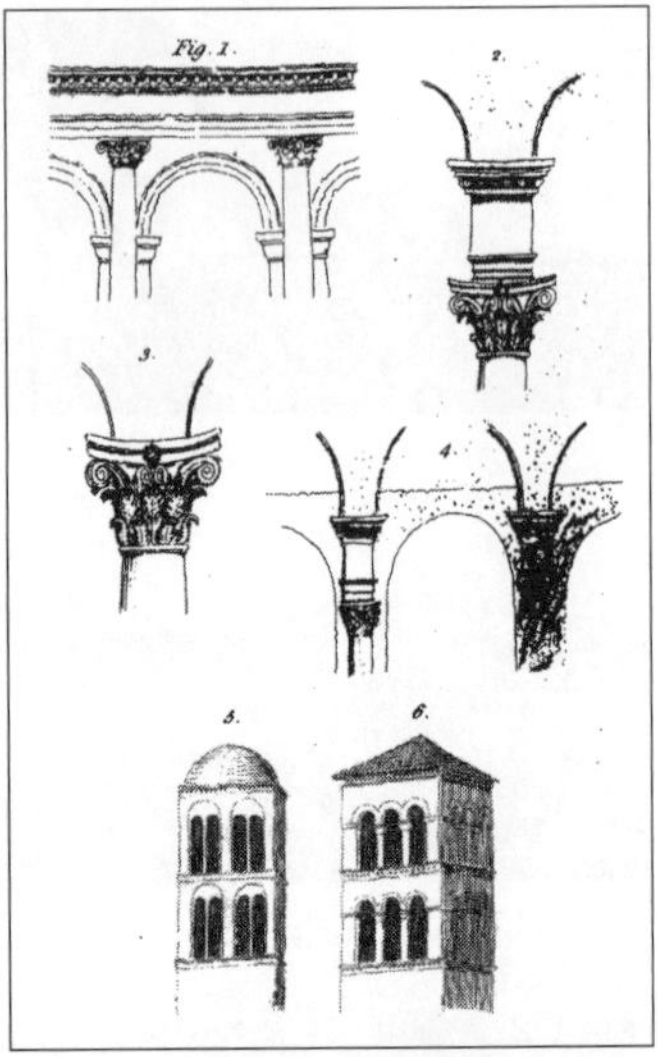

▲図 1-3　ウィリアム・ガン『ゴシック建築の起源と影響への考察』末尾に付された図版
▼図 1-4　サンタ・コスタンツァ霊廟中央、祭壇の位置にはもともとコスタンツァの石棺が置かれていた

（ウィリアム・ガン『ゴシック建築の起源と影響への考察』。強調はガンによる）

ここでガンがFig.2として紹介しているのがサンタ・コスタンツァ霊廟の柱とアーチなのである【図1―4】。図1―3のFig.4も同様だ。

アバクスとは柱頭上部の平板で「冠板」と訳される。アバクスより上の部分全体をエンタブレチュア（水平梁部）といい、下から順にアーキトレーヴ（台輪）、フリーズ（小壁）、コーニス（軒蛇腹《のきじゃばら》）と続く【図1―5】。ガンが言いたい要点は、彼の図版のFig.1からFig.4への変化、つまり列柱の後景に控えめに架かっていたアーチが前に出てきて柱と合体しその上部から伸びるようになった事態、アーチの存在とその連続性が際立つようになった事態である。

ここではこの事態を「連続アーチの前景化」と呼んでおこう。それこそがロマネスクだというのがガンの主張である。

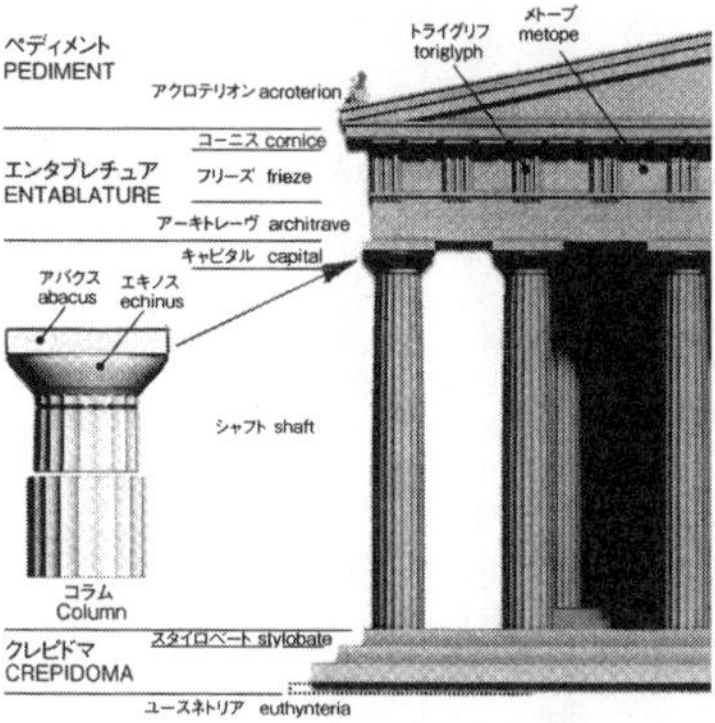

図1-5　柱の図と用語、『世界の建築史15講』彰国社（2019）より

†揺れ動くガンの価値評価

注目したいのは、ガンがこの新たな事態を「逸脱」と呼びながらも、「刷新の時代」の出来事としている点である。

「逸脱」とは正統から逸《そ》れてしまったという意味で、否定的評価だ。近代古典主義美学を是《ぜ》とする立場からの批判である。建築の構成についても「構造の強度」が損なわれるとしている。彼の言葉を借りれば、これは「簡潔さと堅固さという重要な本質的要素」の欠落ということになる。しかし他方でガンは、この事態が起きた時代を「刷新の時代」として肯定する評価を与えている。

その肯定的な評価を彼はファンシフル（fanciful）という言葉で形容した。この形容詞を私は「想像力豊かで気まぐれな」と訳したが、じっさいガンは今の引用文の直前のページで「芸術家」が理性的な建築の規範から解かれて「自分自身の想像力の気まぐれ」（the caprice of his own imagination）に従いながら制作し、それを発注者が認め、民衆もまた新しさを欲して、「芸術家」の自由な発想を待望していたとしている。そしてその時代、つまり「刷新の時代」こそ、ほかならないミラノ勅令（三一三年）によってキリスト教を公認した皇帝コンスタンティヌス一世（在位三〇六―三三七）の時代とそれ以降の古代ローマ末期を指すのである。近代古典主義美学では「頽廃」が極まっていく時期として悪く評価される時代だ。

ガンの価値評価は揺れ動いている。彼の時代を支配していた近代古典主義的な見方と、そこからはずれたものへの共感とのあいだで揺れ動いている。「気まぐれ」とは、理性的な一貫性が欠如していることで、制作者の姿勢として近代古典主義美学では悪い価値が与えられている。こうした見方に従う一方で、ガンはこの時代の「芸術家」の「気まぐれ」に心を引かれている。そこにこそ「好古家」としての彼の真骨頂があるのだ。つまり「好奇心」によって過去の文化の非理性的な本質面を照らし出すという「好古家」ならではの斬新な切り口がある。

ともかくもガンがロマネスクなる言葉を初めて用いる一節、つまり「連続アーチの前景化」を指してこの言葉「ロマネスク」を用いる一節を引用しておく。彼の揺れ動く価値評価もそのまま語られる。


私の主張はこうだ。アーチの間隔が大がかりであろうと小ぶりであろうと、優雅であろうと不恰好であろうと、半円形であろうと尖頭形であろうと、用途のためであろうと装飾のためであろうと、この刷新〔連続アーチの前景化〕は、徐々に多くの人の好みになっていき、コンスタンティヌス大帝の治世以後の建造物においては主要な特徴になっていったということである。この新しさを私は、建築からの劣悪な逸脱を示す表現としてロマネスクと呼んでみたいのだ。

（ガン、前掲書。強調はガンによる）

このロマネスクという言葉（romanesque）にはガンによる注が付けられているので、これも紹介しておく。英語でもフランス語でも、名詞の語尾に"esque"を付けて、その名詞が元来持っている内容をいくぶんか分け持っているという意味の形容詞を作り出す。たとえば「絵画」という意味の英語pictureから「絵画のような」picturesqueという言葉が生み出されたように。同じことはイタリア語でも言えるとして、ガンはこう語る。

たとえば、現代のローマ人は、どのような階層に属そうと、自分を「ローマーノ」（Romano）と呼んでいる。これはひとつの特質であって、彼はこの特質を次のようなローマの住民には認めない。すなわち、たとえ長いことローマに住んでいても、いかがわしい出自による、つまり外国人の血統や姻戚による場合、この住民に彼は、「ロマネスコ」（Romanesco）という言葉で烙印を押すのである。私はこれと同じ視点から目下検討している建築を考察している。

（ガン、前掲書。強調はガンによる）

このガンの発言にしたがって「ロマネスク」を訳すと、「似非《えせ》ローマ人の」となり、差別の発想が露骨に出てきてしまうが、しかしガンは、古代ローマのロマネスクの「芸術家」たちが似非ローマ人（「ロマネスコ」）だったと言いたてて軽蔑しているわけではない。あくまで古典主義様式から「逸脱」しているので批判しているのである。そして同時に彼は、彼ら「芸術家」の「想像力豊かで気まぐれ」な刷新に共感している。

†何を前面に出したいのか

図1-6　ローマ、フォロ・ロマヌムのティトゥス帝凱旋門、紀元1世紀

ガンの指摘をもとにもう少し古代ローマの建築の変化を見ておこう。

ガンがロマネスクを批判する一つの論拠は建築構造上の弱さである。アーチを前景化すると「構造の強度」が損なわれるとする。しかしサンタ・コスタンツァ霊廟は建設から今日まで千六百五十年以上ものあいだ崩れることなく建っている（近年の発掘調査によれば、現在の建物は三六〇年頃の作であり、それ以前にコンスタンティヌス大帝によって建設された霊廟の改築である）。

ローマの古典主義建築は初代皇帝アウグストゥス（在位紀元前二七―後一四）の時代に確立されたと言われる。紀元一世紀後半にローマの中心フォロ・ロマヌムに建てられたティトゥス帝の凱旋門【図1-6】は古典主義建築の代表作である。アーチは左右の柱の奥半ばから控えめに立ち上がっている。その後ももちろんしっかり立っていて、一九世紀には、近代古典主義建築の花、パリの凱旋門の手本になった。

ということは、古典主義はむろんのこと、ガンの言うロマネスクも、構造の堅固さに問題はないということだ。むしろ重要なのは、建築の外観によって、なにを強調したいのかの違いである。古典主義は垂直の柱に水平の上部が組み合わさって、安定感を前面にアピールしている。対してローマのロマネスクは、アーチのつらなりを前面に出して躍動感をアピールしている。前者は理性的な構築の安定性を、後者は動きを強調しているのだ。

†もう一人の名付け親の見方

ただし古代ローマのロマネスクは、動きが強調されるといっても、そしてガンが「気まぐれ」と形容していても、サンタ・コスタンツァ霊廟内部を見て分かるとおり、秩序は保たれている。同じ形のアーチの反復である。秩序のなかの「逸脱」なのだ。これが中世のロマネスクになると「逸脱」の度合いがよりいっそう顕著になる。不調和が目立つようになるのだ。この目にあらわな中世の特徴に注目して、フランスの好古家シャルル・ド・ジェルヴィル（一七六九―一八五三）はロマネスクという様式名を創案した。ロマネスクのもう一人の命名者である。友人に宛てた彼の有名な書簡を引用しておこう。

私は何度かあなたにローマ風の建築（architecture romane）という言い方をしました。これは私なりの用語で、「サクソン人の」とか「ノルマン人の」といった無意味な言葉に代わるものとして、我ながらうまく考案されたと思える言葉なのです。衆目の一致するところでは、この重苦しくて粗雑な建築は、我々の粗野な先祖たちによって不自然にされていった、つまり次々と劣悪にされていった、「ローマの作品」（opus romanum）なのです。このときまたラテン語も、同じようにゆがめられて、ロマン語（langue romane）になっていきました。このロマン語の起源と劣悪化は、建築の起源および劣悪化と多くの類似点を持っています。ですから、どうか、私の「ローマ風の」という名称はじつにうまく見つけられたと言ってほしいのです。

（一八一八年一二月一八日付け、オギュスト・ル・プレヴォ宛ての書簡）

ここで「ローマ風の」と訳した、「ロマネスク」という意味のフランス語の形容詞は「ロマン」（男性形 roman、女性形 romane）である。この言葉でジェルヴィルの念頭にあるのは、人種とかローマの住民といった人間のことではなく、ローマの文化とそこからの劣悪な変化である。たとえこの劣悪化を招いたのが「我々の粗野な先祖たち」であっても、彼が問題にしたいのは理性的な「古代ローマの作品」と中世におけるその非理性化である。そして彼の狙いは、中世の中期に見られる文化の傾向をロマネスクという言葉で包括することにあった。

一九世紀初めまで、好古家たちは尖頭アーチを特徴とするゴシック様式とは違うアーチがゴシック時代以前の中世に使用されていたことに気づいていた。しかしそれを「サクソン人の」様式とか「ノルマン人の」様式といった特殊な人種名で語っていた。その手本と言っていい前例が、イタリア・ルネサンス文化人によるゴシックなる命名である。この様式名はアルプス以北の「ゴート人」つまりドイツ人を指す言葉に発するのだが、実際には不適切な命名であって、ドイツ人とは直接関係のないパリ周辺のイル・ド・フランス地方で生まれ西欧の各都市に広まっていったのがゴシックなのである。ともかくも、ロマネスクは西欧全体の現象であるのだから、人種名よりももっと包括的な名称があってしかるべきではないのか。ジェルヴィルはそのような問題意識に駆られて、この用語の創案に至ったのである。

このとき彼のヒントになったのは、「ロマン語」の存在と名称だった。「ロマン語」とは、古代ローマ帝国の領内で共通に語られていた口語のラテン語が、西ローマ帝国滅亡後、中世初期に各地域でそれぞれに分化し変化していった言葉である。近代のフランス語、イタリア語、スペイン語などロマンス諸語の直接の母体となった中世初期の西欧各地域の言語である。

ジェルヴィルは、理性的なローマの建築作品に比して「重苦しくて粗雑な建築」が中世ロマネスクだと言いたいのだ。彼もまた一九世紀の近代古典主義に染まって、一見して否定的にロマネスクを形容しているが、しかし好古家としての彼の活動はめざましかった。ロマネスクの教会堂に強い関心を示し、何年もかけて地元ノルマンディー地方の実地調査をおこなって、貴重な報告を残している(今日ミシェル・ギベールによって四巻本の『マンシュ県への考古学的旅』(一九九九―二〇〇二)にまとめられている)。ジェルヴィルは現在の中世ロマネスク研究のパイオニアと言っていい人物なのである。

他方でガンの功績は、この「ローマの作品」からの「劣悪化」が、たとえ秩序のなかの変化といった程度とはいえ、すでに古代ローマ末期に始まっていたと指摘した点にある。彼は中世ロマネスクの発端を古代ローマ末期に見出していたのだ。今日、ほとんど顧みられない功績だが、私は重視したい。というのも、中世ロマネスクの祖型が、とりわけその曖昧さ、つまりローマ的でありながらそうでないという曖昧さの祖型が、三一三年キリスト教を公認したミラノ勅令以後の古代ローマのキリスト教文化それ自体に見出せるからなのだ。

2　ぶどうの装飾

†美しいモザイク画のイエス

ローマのサンタ・コスタンツァ霊廟のもう一つの注目点、紀元四世紀の美しいモザイク装飾に話を移そう。

この霊廟の内部は直径一一メートルほどで、きわめて小規模だが、列柱の背後の環状周歩廊に立って天井を見上げると、そこには一面、美しいモザイク画が描かれていて、眼を瞠《みは》る。この環状周歩廊に隣接する南北の小さな壁龕《へきがん》（アプスと呼ばれる至聖所）のドーム状天井もそうだ【図1－7】。

南壁龕の天井は、イエスがペトロ（ピエトロ）に「天国の鍵」を渡す場面である【図1－7(下)】。新約聖書にはこうある。「わたしはあなたに天国の鍵を授ける。あなたが地上でつなぐことは、天上でもつながれる」（「マタイ福音書」一六—一九）。「つながり」はイエスにとって重要なテーマだった。弟子たちに、そして彼の周りに集う人々に、神からの愛を語って天と地のつながりを説いて教え、同時にまた隣人愛を語って地上の人間のつながりの尊さを伝えていたのだ。このモザイクに描かれたイエスは、地上にあってこうした「つながり」を説いていたときの彼であり、精悍《せいかん》で若々しく描かれている。

北壁龕の方は、イエスがその教えを巻物にしてペトロに渡す場面（いわゆる「トラディティオ・レーギス」）である【図1－7（上）】。その巻物には「主は平和を与える」とラテン語で記されている。ペトロの反対側にはパウロがいてこの場面を祝福しているが、パウロはイエスの死後にその教えに回心した人である。この場面のイエスはもはやこの世に存せず、天上から降り

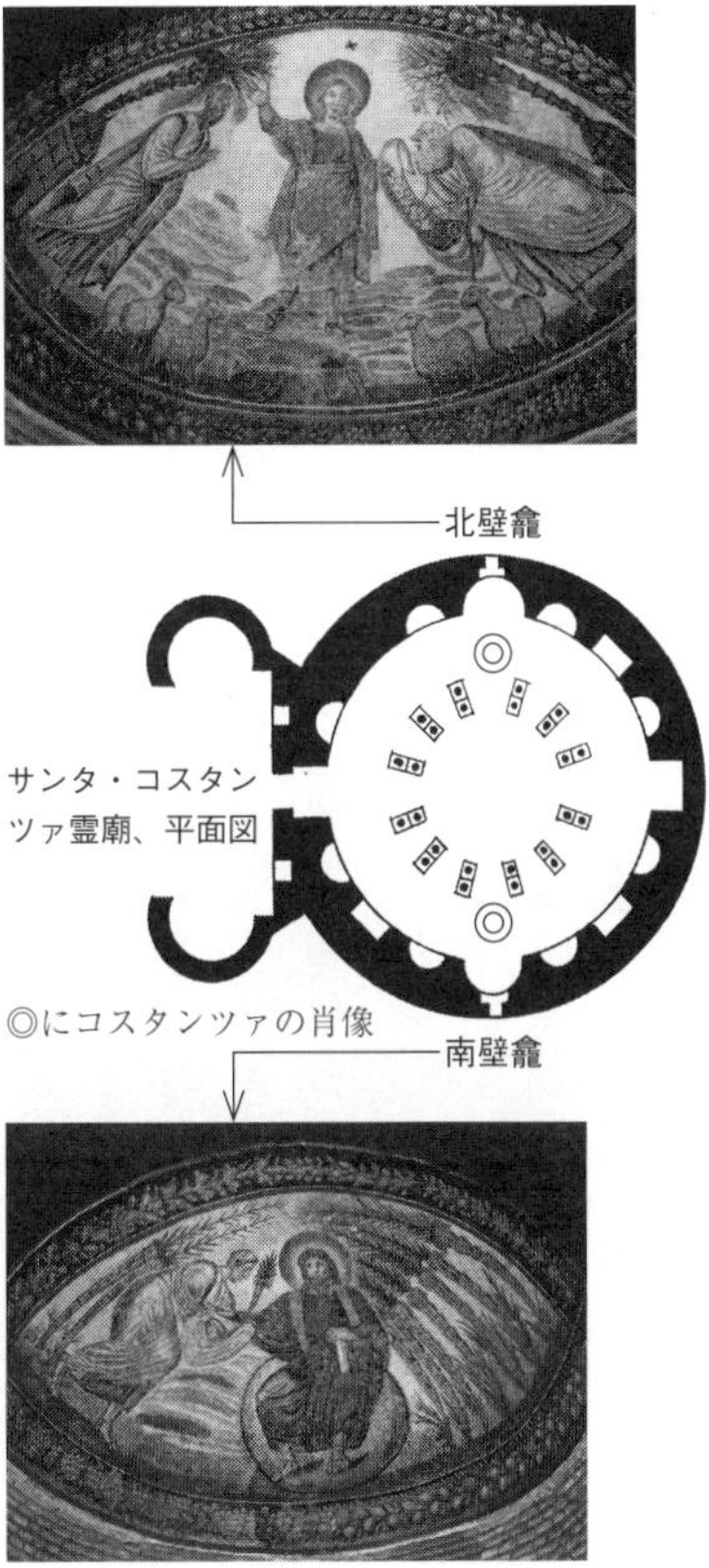

図1-7　サンタ・コスタンツァ霊廟の平面図と南北の壁龕に描かれたモザイク画。南壁龕にはイエスがペトロに「天国の鍵」を授ける場面（下）、北壁龕にはペトロに巻物を授けるイエス（上）が描かれる

てきたのかもしれない。彼を包む黄金色は天上を表す色だ。

天と地をつなげて平和な世界を実現する。これはこの霊廟の創建者コンスタンティヌス大帝にとっても重要なテーマだった。天上の神を志向するキリスト教と地上や地下に神々の存在を認める異教を平和裡につなぐ、それもキリスト教信仰をよりいっそう進捗させる形でつなぐことがキリスト教為政者の彼としての重要な課題だった。

†ぶどうに囲まれて

この南北の壁龕のモザイク画は直接キリスト教に関わる表現である。しかしそれらの壁龕の環状周歩廊の天井には、異教のテーマを基調にしたモザイク画が飾られている。コスタンツァの肖像がバックス信仰で神聖視されるぶどうの木とその果実、そしてワインに囲まれて描かれているのである。こうしてキリスト教と異教の図像を隣接させることで両者をつなげようと目論まれているのだ。

環状周歩廊に描かれたコスタンツァの肖像、およびこれを囲む装飾は、南北ともにほぼ同じである。ガイドブックや美術書でよく紹介されるのは北側の図だ【図1-8】。コスタンツァの面差しが端正で気品に満ちている。彼女は、ぶどうの蔓、枝、葉、果実の房に囲まれて祝福されている。その四隅にはほぼ同じ構図でワインの製造の図が、コスタンツァを中心に上下、点

▶図1-8　サンタ・コスタンツァ霊廟、北周歩廊のコスタンツァのモザイク画
◀図1-9　同じく、北周歩廊のコスタンツァの肖像画全体図

対象で描かれている。たわわに実ったぶどうの実が今まさに童子によって収穫され、牛車で運ばれていく。小屋に届けられると、足で踏まれ、果汁がワインへと移り変わっていく。牧歌的で平和な光景なのだ【図1－9】。

この装飾のベースにあるのは古代ローマのバックス信仰である。バックス信仰のもとをただせば古代ギリシアのディオニュソス信仰に行きつく。古代ローマは古代ギリシアの多くの神をラテン語名に読み替えて摂取したが、ディオニュソス神も、そのギリシア語の別名バッコスのラテン語バックスの名で古代ローマ世界に広まった。

†ディオニュソス信仰

しかし本来のディオニュソス信仰は、こう

した平穏で牧歌的な光景とは無縁だった。そもそもこの信仰は、古代ギリシアからすれば異邦の地、文明の外部とされたバルカン半島の東端のトラキア地方の山奥で生まれたらしいのである。ディオニュソスは動物と植物の生命を司る男性の大神とされ、この神の名の下に生の豊饒が、狂気と性の放縦のなかで祝われていた。伝承によれば、その夜宴では狂いだした女信徒《マイナデス》が嬰児を貪《むさぼ》り食うなどしていたという。さらに輪廻転生を説くオルフェウス教(こちらもまたトラキア地方が発祥の地)、なかでも粉々に砕かれた後に再生するザグレウス神への信仰の影響を受けて、ディオニュソス信仰にも再生復活の要素が加えられていった。自然界の生命の豊饒、狂気、受難と復活。これらがディオニュソス信仰の基本となり、紀元前六―五世紀にギリシア世界へ入ってからは様々に神話化され、また壺絵などに図像化されていった。ぶどう栽培とワイン製造の神という面に関しては、ギリシア世界に入る途次で付け加わったらしい。

すなわちトラキア地方で誕生した後、ディオニュソス信仰は南下してエーゲ海東岸の小アジア(現在のトルコのあたり)のフリギアに伝播し、ぶどう栽培とワインを讃える農耕信仰の側面を併せ持つようになった。とりわけイカリア島においてはそうだった。その祭儀は相変わらず、陶酔、酩酊、乱痴気騒ぎに貫かれていたらしい。だが、やがてさらにエーゲ海を渡って西進し、ギリシア世界の中心域、アッティカ地方に伝わり、紀元前六世紀にアテネをはじめ都市の祭りの制度に組み込まれるようになると、野性的な面を徐々に削ぎ落とされていった。とくに都市ではそうだった。

古代ギリシア文明は、マケドニア王アレクサンドロス（在位紀元前三三六―前三二三）の東方遠征とその後のヘレニズム時代（前三二三―前三〇）になると、東地中海世界一帯に広く伝播し、それにつれてディオニュソス信仰もギリシア半島から小アジア、そしてパレスチナにかけて広まっていった。古代ローマが地中海世界の覇者になるにつれ、バックス信仰となってその全域に、都市部にも農村部にも、広まっていくのである。ローマ人は、ギリシア人と同様に貴族から庶民までワインを愛飲したから、ぶどうの木、その枝葉、蔓、果実そしてワインはバックス信仰の具体的な崇拝対象として大いにもてはやされたのだ。

サンタ・コスタンツァ霊廟を彩《いろど》るぶどうとワインの装飾の背景には、ざっとこのような歴史があった。この装飾にはまたディオニュソス信仰に由来する復活の願いも込められている。死したコスタンツァが生き返ってほしいとの願いだ。できることならその端正な面差しのままこの世へ甦ってほしい。だれよりも本人が復活を願っていたことだろう。しかしまたキリスト教徒として、天上の神の国いわゆる天国において永生を得たいとの願いもあったと思われる。創建者で父のコンスタンティヌス大帝はキリスト教の立場からそう念じていたはずだ。地上での死を天上での生につなぎ、異教をキリスト教につなげようとしていたのである。

では、大帝の時代とそれ以降の紀元四―五世紀の古代ローマ末期において、このつながりはどのように展開していったのだろうか。この装飾と同じ時代の宗教上の背景に目を転じよう。

†「故意の曖昧さ」

三一三年のミラノ勅令によって、キリスト教は古代ローマ帝国の公認の宗教になった。「キリスト教の勝利」と称えられもする事態だが、じっさいにはキリスト教が国家公認の宗教の一つに付け加えられたにすぎない。

以下当時の宗教事情を、古代ローマ研究の専門家・後藤篤子氏の著した重要論文「ローマ帝国における「異教」とキリスト教」(二〇〇〇年)を参考にしながら、若干の補足を加えて整理しておこう。

古代ローマにおいて支配者側が公認する「宗教《レリギオ》」(religio)とは、国家の安定と繁栄に貢献する祭儀の実施を意味していたのであり、これを不可能にする信仰は「迷信《スペルスティティオ》」(superstitio)とみなされた。キリスト教も当初は迷信呼ばわりされていたのである。じっさい一一二年頃、小アジア北西のビテュニアとポントゥスの属州総督であった小プリニウス(六一―一一二)は、地域住民の苦情を伝えるトラヤヌス帝宛ての書簡のなかでキリスト教を「迷信」と呼んでいる。

ところでここで言う「宗教」の祭儀は供犠と祈りからなる。供犠は神殿で(正確にはその裏手で)神々に生贄《いけにえ》を捧げる儀式である。犠牲獣を生きたまま屠《ほふ》るときには、大量の血が流出するし、動物の叫び、そして異臭も発せられて、尋常でない雰囲気が出現する。これもまた異教の聖性の出現であり、この宗教的表出は社会秩序を乱さない限り、公認されていた。キリスト教徒たちは、天上の神を信じるがゆえに、この生々しい地上の聖性の出現を嫌悪し、たとえ皇帝主催であっても供犠への参加を拒んだ。彼らが皇帝権力から迫害の対象にされた理由がここにある。ミラノ勅令によって公認宗教の仲間入りを果たしたときにようやく、彼らへの迫害は終わったのである（その後も短期間の迫害や弾圧はありはしたが）。

では具体的にローマ公認の宗教にはどのようなものがあったのだろうか。まずローマ神話の主神ユーピテル（天空の神）、その妻ユーノー（月の女神で女性の守護神）、ミネルヴァ（知恵と芸術の女神）を国家三柱神として崇拝する公的な宗教が重要である。これに加えて、属州拡大のなかで国家の枠内に入ることになった各地の土着信仰も肯定された。エジプトのイシス神、サラピス神への信仰もそうであるし、小アジアの大地母神キュペレ、その愛人のアッティス神への信仰も同様で、タウロボリウム（雄牛屠り）、クリオボリウム（雄羊屠り）が公然と行なわれていた。バックス信仰はそのなかでも帝国の広い地域で、民衆から皇帝にまで人気のあった公認宗教だった。

次にキリスト教徒の数を見ておこう。推定数からすると、「コンスタンティヌス帝時代のローマの人口は八〇万人程度（かつては一〇〇―一五〇万人）と縮小しており、三一二年までにローマ人の人口の三分の一はキリスト教徒に改宗して、市内の二五カ所あったdomus ecclesiae（教会の家：一般住宅を典礼の要請に合わせて一部リフォームした集会所）で礼拝を行っていたとされる」（宮坂朋「キリスト教考古学から古代末期考古学へ」二〇一三年）。ミラノ勅令の前年の三一二年、コンスタンティヌス大帝がキリスト教に帰依した年にあたるこの年までに、帝都ローマの人口八〇万のうち二四万がキリスト教徒、残り五六万はいまだ非キリスト教徒だったわけだ。非公認の宗教であったため、彼らキリスト教徒は私邸教会で目立たないように礼拝を行なっていた。

もちろん三一二年頃の首都ローマのキリスト教徒数は、初期の信徒数からすればたいへんな伸びようである。「二世紀初めまでにはキリスト教徒のグループは、ローマ帝国のおそらく四〇から五〇ほどの都市に見出せるようになっていた。それらのグループの大部分は、まだ小さく、あるものは六〇人から七〇人、多くても数百人という数にすぎなかった。帝国内の全キリスト教徒の数は多分五万を越えることはなく、六千万を擁する社会ではごく微小な数にすぎなかった」（『ローマ人が見たキリスト教』R・L・ウィルケン）。

後藤氏によれば「キリスト教は三〇〇年頃、ローマ市や東地中海地域で人口の一〇％強、帝国全体で七―八％ほどを占めているにすぎなかった」。三〇三年に最後にして最大のキリスト教迫害がディオクレティアヌス帝（在位二八四―三〇五）によって行なわれたが、殉教を天国への道と意味付けるキリスト教徒には功を奏さず、逆に信徒数を増大させることにすらなったのかもしれない。ただし、三一二年頃の帝都ローマで人口の三分の一にまで信徒数が伸びたとしても、ローマ帝国全体ではその比率はもっと低かった。

古代ローマ文明は都市が主導権を握っていたが、人口比では圧倒的に農村部がまさっていた。キリスト教が信徒数をふやしたのは都市部であって、農村部には浸透していかなかった。農村部は異教の温床だったのである。キリスト教は宗教の支配権を握れるような立場にはなく、異教との共存をはかっていかねばならなかった。コンスタンティヌス大帝自身もそのような立場に置かれていた。

じっさい彼の臣下の多くが依然、異教徒であり、しかも彼自身、歴代の皇帝と同じく「大神祇官《だいしんぎかん》」の地位にあって、国家の安寧・発展のために異教の公的祭儀を指揮する立場にあり続けた。大帝もその後継者の皇帝も各地に教会堂を建設するなどローマ帝国のキリスト教化に努めたが、キリスト教国への道は遠かった。

後藤氏によると「ローマ帝国は一気呵成に「キリスト教化」していくのではない。官職就任者を見ても知識人層の師弟関係や交友関係を見ても、四世紀の常態は「異教」とキリスト教の平和的共存だった。P・ブラウンは、コンスタンティヌス以後四二五年頃までの社会の特徴を「故意の曖昧さ」と表現する」。まさしく古代末期の研究家ピーター・ブラウン（一九三五―）は一九九八年の論文で「故意の曖昧さ」（a studied ambiguity）という表現を用いて、四二五年頃までキリスト教と異教の共存は続いたと説く。三一三年のミラノ勅令から迅速にキリスト教化が進んだのではないと諫《いさ》めるのだ。

もしも我々が次のような意味での「キリスト教化」の兆候をこの時代にこれ以上探し求めようとするならば、それは間違いだと言わざるをえない。その意味とはすなわち、支配層のエリートたちの生活を律していた公的な祭儀や行動規範を別の祭儀や行動規範に、つまりよりいっそう明瞭に言うとキリスト教的な祭儀や行動規範（それゆえ好ましく見えたりするのだが）に取り替える断固たる試みということである。この時代を支配していたのは、故意の曖昧さだった。その意味で、「キリスト教帝国」なる言葉を持ち出して、それがユスティニアス帝とその後継者の初期ビザンツ帝国において存在していたのと同じように、紀元四二五年において存在していたと言うことはできない。

（ピーター・ブラウン「キリスト教化と宗教対立」一九九八年）

ローマ帝国は三九五年に東西に分裂し、四七六年に西ローマ帝国が滅亡、残った東ローマ帝国（ビザンツ帝国とも）はユスティニアス帝（在位五二七―五六五）の時代に版図を拡大し、旧西ローマ帝国の一部をも支配におさめたが、その統治政策は専制君主のそれであり、宗教政策においても異教徒への弾圧に終始した。異教の祭儀は公的、私的にかかわらず禁止され、迫害は上流階級にも及んだ。

コンスタンティヌス帝は、異教徒に対してユスティニアス帝のような弾圧策はとらなかったし、とれなかった。三一三年から四二五年頃まで、古代ローマ社会を支配していた「故意の曖昧さ」の「故意」とは、「寛容」という高邁な（あるいは傲慢な）宗教精神とは違う事態を指す。数的劣勢ゆえに異教との共存に出ざるをえなかったということだ。

しかしそれでもコンスタンティヌス大帝はこの共存を単なる異教とキリスト教の並存には留めず、天上の神をめざすキリスト教の方向性のなかに異教を取り込もうとしていた。バックス信仰に対してもこれをキリスト教の枠のなかへ糾合しようとしていた。彼が建てさせたペトロの記念堂を見ておこう。ヴァチカンのサン・ピエトロ大聖堂の原点である。

第2章

ねじれ柱

1　ぶどうの木のつながり

†サン・ピエトロ大聖堂の起源

イエスの一番弟子ペトロ（ピエトロ）は、師のイエスが紀元三〇年頃に処刑されたあとエルサレムに残って他の弟子や信者と共同体を作り、師の教えを穏健に、有り体に言えばユダヤ教の律法主義と神殿主義に妥協的な姿勢で伝えていたが、最後はローマで殉教したとされる。紀元六四年のローマの大火災のあと、ネロ帝（在位五四―六八）がその責をローマのキリスト教徒になすりつけて彼らを公開で処刑したときに、ペトロもそのなかに含まれていたらしい。当時のローマの囲壁の外、ヴァチカン丘の麓《ふもと》にネロ帝が築いた戦車競技場で処刑され、その横の墓地に葬られたという。

その後、このペトロの墓所には巡礼者がよく訪れるようになった。コンスタンティヌス大帝は、この墓を祀《まつ》って記念堂を建設することを考え、三一九年頃にバシリカ式で着工させた。それがサン・ピエトロ大聖堂の起源である。その発掘に携わったイギリスの古代建築史家ジョン・ブライアン・ワード＝パーキンズ（一九一二―八一）は、この記念堂を表した五世紀の象牙製小箱（いわゆる「ポーラ・カスケット」【図1－10（上）、口絵3】）の彫刻を参照しながら、こう報告している。「墓のうえには天蓋が設けられ、この天蓋は、コンスタンティヌス大帝がこの墓を飾るためにギリシアから運ばせた六本の〝ぶどうの木の柱〟（columnae vitineae）のうち四本によって支えられた。残りの二本は天蓋の背後の左右に配されて、支えの四本とともにこの墓を遮蔽する仕切りの役を果たした。この六本の柱は鋳物の台座の上に置かれていた」（J・B・ワード＝パーキンズ「聖ペテロの霊廟と一二本のねじれ柱」一九五二年）。

ワード＝パーキンズの添えた図版を見るとこの天蓋の様子がよく分かる【図1－10（下）】。天蓋を支える四本の柱、そしてその背後に置かれた二本の柱は、まさしくぶどうの木のように捩《よじ》れている。たいせつに台座に乗せられたのは、ディオニュソス信仰の本場ギリシアの地においても貴重な宗教制作物だったからだろう。どれも岩塊から一本まるごと作られた高さ四・七五メートルの石柱である。ねじれた形状がぶどうの木に似ているだけでなく、柱身にはくねった縞模様の部分に挟まれてぶどうの蔓や葉、果実、さらに小さな精霊の像が飾られている【図

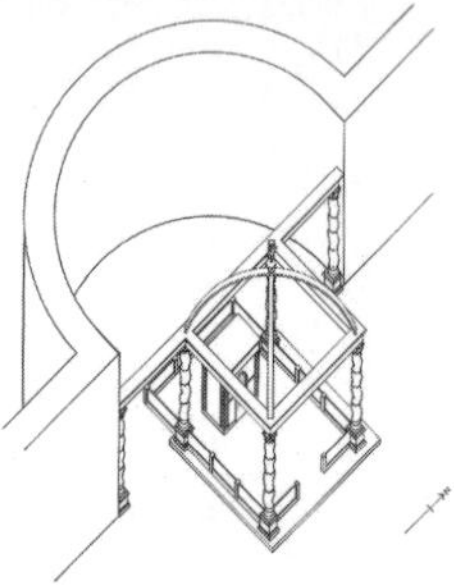

▲図1-10　5世紀の象牙製小箱の図像（上）とワード＝パーキンズによる5世紀の聖ペトロの天蓋復元図（下）

◀図1-11　ワード＝パーキンズのねじれ柱拡大写真

1-11】。

結局、この殉教者記念堂は五廊式の大きなバシリカとして三五〇年頃に完成された（図序-6、一九頁）。六世紀末になると、巡礼者の増加にともない、よりいっそう堂々とした造りへ改築が進められた。七世紀には、既存の六本のぶどうの柱は、正面の両脇に三本ずつ台座に乗せられ、さながら人物像のような扱いを受けて、立ち並べられた。八世紀になると、その前にさらに六本のねじれ柱が東ローマ帝国から寄贈された【図1-12】。

†ねじれ柱のゆくえ

以後、とくに中世ロマネスク時代に

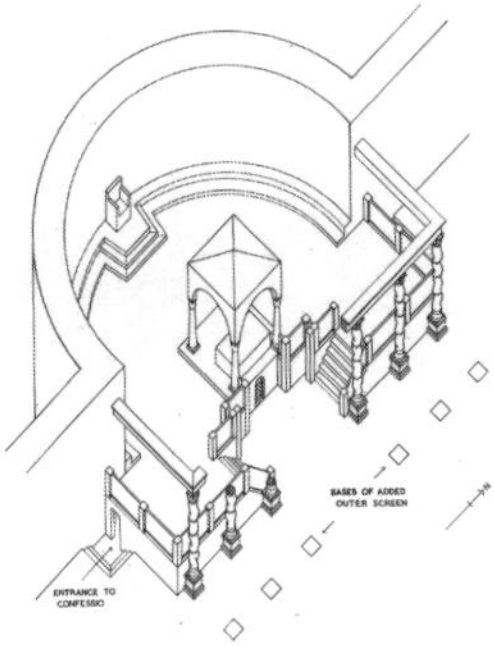

図1-12　ワード＝パーキンズによる7世紀の天蓋復元図と8世紀にその前に付加された6本のねじれ柱の台座位置

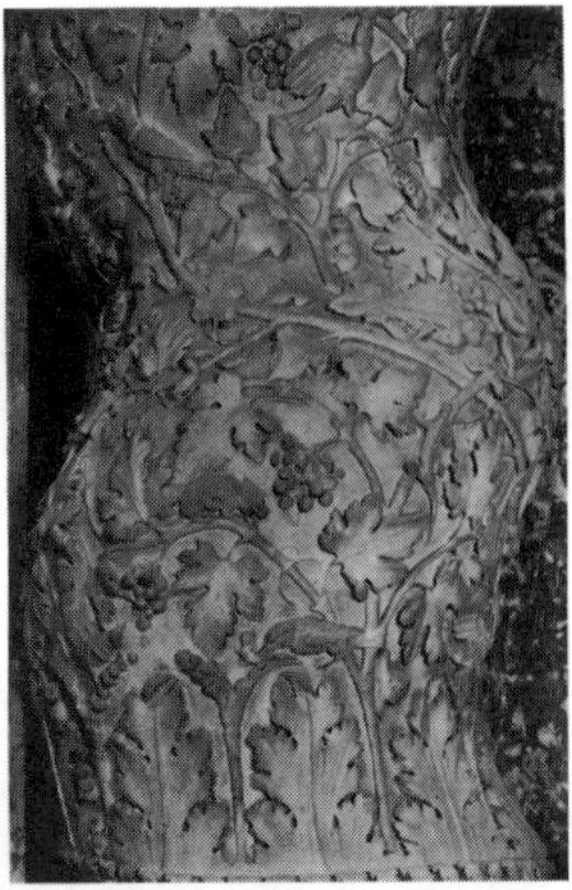

これらねじれ柱の列柱の眺めが、ローマ、サン・ピエトロ聖堂への巡礼者の目を奪うことになるのである。そして西欧の各地で様々な形状になって反復されていくのだ。ローマへの帰属を意識しながら、各教会堂の独自性を打ち出していくのである。ローマ的でありつつ、そうでない。ねじれ柱はこうしてロマネスクの曖昧さを示す典型的な表現物になっていく。フランス、ブルゴーニュ地方、アヴァロンのサン＝ラザール教会堂の正面扉口など多様なねじれ柱のオンパレードだ。ぶどうの木の樹皮が細かい織目模様で彫られているかと思えば、二本の幹が妖艶な女体のように絡み合っている【図1－13、口絵5】。南フランスのエクス＝アン＝プロヴァンス、サン＝ソヴゥール大聖堂を訪れると、そこに付属する回廊にはさらに大胆に屈曲した

ねじれ柱が見出せる【図1-14】。

サン・ピエトロ聖堂のねじれ柱はその後どうなったのか。ルネサンス時代に、ソロモン神殿伝説（これら一二本の柱はもともとソロモン王がエルサレムに建てたユダヤ教の神殿に立っていたとして、その前でイエスが説教を行ない、奇跡を起こしたとする伝説――とくにこのときイエスが寄りかかっていた一本が「聖なる柱」（Colonna Santa コロナ・サンタ）と呼ばれた）が流布して、これらのねじれ柱にいっそうの注目が集まるのだが、しかし一六世紀からの大改築

▲図1-13　フランス、ブルゴーニュ地方、アヴァロン、サン＝ラザール教会堂の正面扉口
▼図1-14　南フランス、エクス＝アン＝プロヴァンス、サン＝ソヴゥール大聖堂付属回廊のねじれ柱、12世紀末

▶図1-15　サン・ピエトロ大聖堂の聖ヘレナ礼拝所上部の壁龕の柱。アメリオラ・アメンドラ撮影

◀図1-16　サン・ピエトロ大聖堂、ベルニーニの天蓋と柱（バルダッキーノ）から聖女ヘレナの壁龕を望む。アメリオラ・アメンドラ撮影

のあおりで堂内中央の壁龕などに分散させられてしまう【図1-15】。一七世紀には、バロックの天才建築家ベルニーニ（一五九八―一六八〇）によって聖堂の中央に新たに天蓋と巨大なねじれ柱が設置される【図1-16】。その手本はもちろんコンスタンティヌス大帝がギリシアから取り寄せた「ぶどうの木の柱」だった。

大帝は、バックス信仰、とくにその聖樹とされるぶどうの木をキリスト教に接続し、その再生復活の神話によりながら、ペトロの天上での復活と永生を願っていたのだ。そうしてさらに、ペトロが天上に赴いたあかつきには、そのペトロの執りなしによって巡礼者もまた死後には天上で永生にあずかれるように念じていたのである。

†ユダヤ教と農民

ぶどうの木を聖樹とみなすディオニュソス信仰はイエス（紀元前四年頃―後三〇年頃）の時代のパレスチナにも浸透していた。

イエスはユダヤ人であり、カナン北部ガリラヤ地方の田園地帯で育ち、当時のユダヤ人の言葉アラム語を話していた。彼の育ったナザレは、小高い丘に数軒の家が建ち並ぶ程度の小村で、そこから望まれるガリラヤ地方の眺めは、肥沃で緑豊かな農業地帯のそれだった。灌漑用の水路が引かれ、麦の穂が風にそよぎ、ぶどうやオリーヴなどの果樹がそここに生い茂り、羊飼いが羊の群れを追い、ガリラヤ湖畔では漁民が網を打っていた。イエスは大工の息子でありながら、このように自然相手に生きる人々に親近感を持っていた。そのことは四作の福音書に残された彼の言葉からうかがえる。彼らの生活に即した喩《たと》えが多いのだ。「種を蒔く人」「一粒の麦」「からし種」「私は良い羊飼いである」等々。

ここでユダヤ人と農業の関係について簡単に振り返っておこう。

もともとカナンの地は旧約聖書で何度も「乳と蜜の流れる土地」（「申命記」六―三など）と形容されるほどの豊饒の地であって、農業と牧羊が盛んだった。しかしこのように自然相手に生業を営んでいると、自然の恵みに期待を寄せるようになり、自然崇拝に傾斜しがちになる。ユダヤの民は元来、自然を超えた一柱の神ヤーヴェへの信仰を民族全体で共有していたのだが、雨と嵐を司る神バール、川の神ヤム、泉と地下水の神で豊饒の女神となったアスタルトが彼らユダヤの民の心を捉えるようになっていった。やがて彼らの王国が南北に分裂し(紀元前九三二年)、北の王国(首都はサマリア)がアッシリアに滅ぼされると(前七二二年)、残った南王国(首都はエルサレム)では、この不幸の原因を自然崇拝の多神教へ走った自民族の姿勢に求めてこれを反省する気運が高まっていった。ヤーヴェだけを信仰する一神教回帰の傾向が強まっていったのだ。そしてこの南王国もバビロニアに滅ぼされ、その民が大量にバビロンに捕囚として連行されるに至ると(バビロン捕囚、前五八七―前五三八)、律法遵守の姿勢が強まってくる。シナイ山の頂きでヤーヴェ神がモーゼに託したとされる「十戒」およびそこから派生する数多の律法を重視する姿勢である。エルサレムの神殿が破壊され、土地も住まいも失った彼らにとって、律法遵守によるヤーヴェ一神教の堅守だけが民族の自己同一性を維持する最後の可能性だったのだ。これはちょうどユダヤ独立戦争で敗北して保守化し、ナザレ派(イエスを信奉するユダヤ教改革派)を追放するに至った紀元七〇年代以降のユダヤ教の状況に似ている。

その後のユダヤ教の展開で重要なのは、ユダヤ人の都市生活者の増加である。バビロン捕囚後、カナンの地に戻るユダヤ人もいたが、故郷を離れることにしたユダヤ人(ディアスポラ)のなかには都市で生活を立てる者がでてきた。この傾向に拍車をかけたのが、ヘレニズム時代の都市文明の繁栄だったのである。東地中海沿岸域の都市でユダヤ人もこの一帯共通のギリシア語「コイネー」(「共通語」の意味)を語って交易や金融業で活躍したのだ。

紀元一世紀、イエスの生きていた時代に、パレスチナの、とくにエルサレムのユダヤ人のあいだでは律法を尊ぶファリサイ派(律法主義者)と神殿(前五一五年に再建されたエルサレム第二神殿)での祭儀を尊ぶサドカイ派(神殿主義者)が有力な勢力を形成していた。そのなかで農業に従事するユダヤ人は「地の民」と呼ばれて軽蔑されていた。農作業や家畜の飼育のために「安息日」の戒律を守れずにいたからである。

イエスが宗教活動に専念しだしたのは、三三歳あるいは三四歳で閉じる人生の最後の一年余りとされている。この間彼は、ユダヤの民衆に語ったことを文字に書きとめはしなかった。福音書に残る彼の言葉は周囲の人々の記憶から代々語り継がれ広まった伝承でしかない。最も早く制作された「マルコによる福音書」ですらイエスの死後二十年以上たっている。それゆえ福音書は歴史資料としてははなはだ正確さに欠けており、これをもとにただ類推でしかイエスのことを語れないのが現状である。

†「私はぶどうの木」

ともかく今述べたようにイエスの説話ではよく農業と牧羊に関する喩えが語られる。彼は、終焉の地、大都市エルサレムに乗り込んでからも、農民の生活をベースにした比喩を用いて、こう語った。ちょうど過越《すぎこし》の祭りの時期でエルサレムには外部から多くのユダヤ人がやってきていた。

わたしはまことのぶどうの木、わたしの父は農夫である。わたしにつながっていながら、実を結ばない枝はみな、父が取り除かれる。しかし、実を結ぶものはみな、いよいよ豊かに実を結ぶように手入れをなさる。〔……〕わたしはぶどうの木、あなたがたはその枝である。人がわたしにつながっており、わたしもその人につながっていれば、その人は豊かに実を結ぶ。

（「ヨハネによる福音書」一五―一～五）

イエスは自分を「ぶどうの木」に、天上の父なる神を「農夫」に喩えている。地上の人間と天上の神との結びつきを語りたいのだ。そして地上の人と自分とのつながりもまたぶどうの枝を喩えにして語っている。これは、ぶどうを「聖樹」とみなすディオニュソス信仰がユダヤ人のあいだで、とくに農民のあいだで、根強く定着していて、その心情をイエスが何がしか理解していたからだろう。「安息日」にあえて弟子に麦の穂を摘ませている（「マルコによる福音書」二―二三～二八）のと同じことだ。戒律の遵守よりも大切な何かがある。人と自然のつながり、人と人のつながりをイエスは欲している。

ワインに関しては、「新しいぶどう酒は新しい革袋へ入れるものだ」(「マルコによる福音書」二―二二)も改革派イエスの言葉として意味深長であるが、有名なのは、処刑される前夜、「最後の晩餐」の席で弟子たちに、自分の肉としてパンをちぎって与え、自分の血としてワインを杯に酌み与えたことだろう。ぶどうの実から造られるワインと、麦の穂から作られるパンをともに食べて弟子とのつながりを肉体を通じて確認しあったのだ。神とのつながりはもちろんのこと、自然とのつながりを重視するイエスの姿勢が見て取れる。パンとワインはイエスの肉と血の単なる代理物、無機的な象徴ではない。イエスの肉と血、そして自然界の小麦とぶどうに生き生きとつながっている。彼の喩え話も、民衆に教えを伝達するための便宜的な手段ではなかったのだろう。喩えとして持ち出される生き物や人と、生命の何がしかを分け持つ面を持っていたのだろう。現代の我々とは違う語感と表現意識のなかにイエスはいたのかもしれない。そしてそこに中世ロマネスクとの深い関係も見出せると私は思うのだ。イエスは、中世西欧の農村部で展開したキリスト教文化の近くにいるのかもしれないのである。

2　形か物質か

†サン・パオロ・フォーリ・レ・ムーラ

ウィリアム・ガンは、古代ローマ末期のロマネスクとして、サンタ・コスタンツァ霊廟のほかにもう一つ典型例を挙げている。サン・パオロ・フォーリ・レ・ムーラ、「囲壁の外の聖パウロ」と呼ばれるバシリカ形式の教会堂である。聖パウロについては後述するが、イエスの教えを広めた初期の活動家で、のちにキリストの使徒とみなされ、新約聖書には彼の書簡が何通も収められることになった。その彼もペトロと同様にネロ帝の時代の末期、紀元六七年頃にローマ郊外で殉教したとされる。コンスタンティヌス大帝は、ローマ郊外にすでにあったパウロの墓所を新たに殉教者記念堂に改築した。この建物は三二四年には完成されたらしいが、巡礼者が増加したため、テオドシウス帝が再度三八六年から三九五年にかけ大規模なバシリカ式の教会堂へ改築したとされる。この教会堂は、残念ながら一八二三年に火災で崩落してしまい、一八五四年にある程度忠実に復元されて現在に至っている【図1-17】。ガンは火災の前にこの教会堂を見ていた。その当時の内観は一八世紀イタリアの画家であり建築家であったピラネージ（一七二〇―七八）が残した版画からうかがい知ることができる【図1-18】。

現在の建物とそのピラネージの版画を見る限り、前景化した連続アーチの躍動感は同じだ。圧倒的な印象を与える。ただしその造りは、同じ形のアーチの規則正しい反復であり、理性的な秩序のなかに収まっている。

今はとりあえずそこに祀られたパウロがどのような宗教人であったか、その重要な点を確認しておこう。そしてそこから建築および表現の問題に立ち返って、古代ローマ末期と中世ロマネスクの比較を試みてみたい。

†尖鋭な活動家

▲図 1-17　現在のサン・パオロ・フォーリ・レ・ムーラ教会堂内部
▼図 1-18　ピラネージの版画。1823 年の火災以前のサン・パオロ・フォーリ・レ・ムーラ教会堂内部

パウロは、彼がいなければ、その後のキリスト教はなかったと言われるほど重要な人物だ。正確な生年はわかっていない（紀元六年とも八年とも）。生地は東地中海沿岸域のタルソス。ヘレニズム時代に交易で栄えた都市で、ローマに征服されてからは属州キリキアの首都になり（前六六年）、住民にはローマ市民権が与えられた。パウロはユダヤ人であり、ローマ市民であり、ヘレニズム都市共通のギリシア語「コイネー」を駆使することができた。

当初彼は、ユダヤ教の強硬な律法主義者だった。イエスの改革思想を継承したナザレ派を熱心に迫害していたほどである。彼自身の告白によれば、「あなたがたは、わたしがかつてユダヤ教徒としてどのようにふるまっていたかを聞いています。わたしは徹底的に神の教会を迫害し、滅ぼそうとしていました。また、先祖からの伝承を守るのに人一倍熱心で、同胞の間では同じ年ごろの多くの者よりもユダヤ教に徹しようとしていました」（「ガラテヤの信徒への手紙」一—一三〜一四）。

しかしこの迫害のため一路ダマスコ（現在のシリアの首都ダマスカスの前身）へ向かう途上に、亡きイエスの幻影が立ち現れて、彼をとがめたという（紀元三四年頃）。それからというもの彼は百八十度の宗旨変えをしてナザレ派になるのだが、この転向先でも精力的で強硬な活動家になった。じっさい彼はヘレニズム都市の国際人らしく、イエスの教えをユダヤ人でない人々（異邦の民）に伝え、信者の増加に尽力した。そのさい律法主義批判を徹底して、ユダヤ教への改宗の際に異邦人にとって最大のネックだった割礼の遵守をも撤廃させていった。律法主義に妥協的なナザレ派主流のいるエルサレムを離れ、シリアの大都市アンティオキアに活動の拠点を置き、東地中海の都市へ三度、伝道の大旅行に出ていたのである。

†「ガラテヤの信徒への手紙」

この伝道旅行で注目したいのは、ガラテヤ地方への布教とその不調である。この地方の人々に自分の教え（正確には自分の解釈したイエスの教え）がうまく定着せず、パウロは怒りに駆られて「ガラテヤの信徒への手紙」を書くのである。新約聖書に収められた十三本のパウロの書簡のなかで「ローマの信徒への手紙」と並んで重視される文献だ。彼の思想信条がよく語られている。

ガラテヤ地方は小アジア中央の高原地帯で、そこに紀元前二七八年頃、西欧内陸のケルト人が大量に移り住んで王国を築いた。そもそもこの「ガラテヤ」という言葉は「ケルト」という言葉がギリシア語風になまった「ガラト」に由来するという（田川建三『書物としての新約聖書』）。彼らは移り住んだ先でも牧畜業と農業に向かい、また生来の蛮勇に訴えてしばしば略奪をはたらいた。

このガラテヤ王国は紀元前五五年には古代ローマの属州になり、ローマの文化との習合が進んだが、ケルトの伝統も根強く残っていたらしい。一説によれば紀元五世紀になっても彼らの出身地域のケルトの言葉すなわちモーゼル河畔トリーアの言葉が話されていたという（ヒエロニムス「ガラテヤ書簡注解」）。

パウロは紀元後五〇年代に第二回と第三回の伝道の大旅行に出て、その途次ガラテヤ地方に立ち寄った。どうやらその北部にまで入っていったらしい。ローマの行政のより希薄な地帯、よりケルト色の濃厚な地帯である。第三回の伝道旅行でガラテヤ地方を訪れたあと「ガラテヤの信徒への手紙」を書くわけだが、その執筆の動機はガラテヤの人々の変節、無定見ぶりにあった。

第二回伝道旅行で立ち寄ったとき、ガラテヤの人々は異教から回心して、パウロの説くイエスの教えに帰依したのだが、その後この地にやってきた保守的なナザレ派の説教師の言うなりになって、割礼の遵守から生活のすみずみの規則までユダヤ教伝来の律法に従うようになってしまったのである。それだけではない。異教時代の多神教的自然崇拝の面もぶりかえしてきて、パウロは激昂《げきこう》したのだ。

彼は「ああ、物分かりの悪いガラテヤの人々」と嘆いて、律法主義に染まった彼らをこう批判する。「あなたがたに一つだけ確かめたい。あなたがたが〝霊〟を受けたのは、律法を行なったからですか。それとも、福音を聞いて信じたからですか。あなたがたは、それほど物分かりが悪く、〝霊〟によって始めたのに、肉によって仕上げようとするのですか」(「ガラテヤの信徒への手紙」三―二〜三、新共同訳)。

パウロの勧めに従ってガラテヤの人々は異教の風習を捨て、さらにまた、すでにある程度入っていたらしいユダヤ教の律法主義をも捨てたらしいのだ。しかしそのため社会は無規律状態に陥っていた。そこに保守的なナザレ派の説教師が現れて、律法の重要性を説き、そしておそらくパウロがかつて強硬な律法主義者だったことをも暴露したので、彼らはパウロの教えから離れて、律法に服するようになったのである。

もともとパウロが語ることは彼らの実生活から遠かった。彼の言う天上の神の〝霊〟にしても、自然界に神々の現れを見る彼ら伝来の宗教観からすれば、文字通り雲の上の話であって、持続的に信じることができなかった。パウロの自説「十字架の神学」も同様である。神の善き〝霊〟のはからいによってイエスは十字架上で死んだという説である。つまり神と神の子イエスが人類を愛したがため、神の子は人類の罪を贖《あがな》うべくその身代わりになって死んでいった。父なる神はそのようにはからったという説である。

このように人類への愛があると言われても、彼らガラテヤの人々はあまりに崇高な話で、ついていけなかったのだ。言葉のうえでは分かっても実感の湧《わ》かない信仰箇条だった。対して律法は、生活のすみずみまで規定し煩わしかったが、暮らしに密着していてまだしも手触りがあった。律法を媒介にしてこれを守れば神の愛を得られるとする律法主義の基本的な考え方も神への道筋が見えて説得的だった。

そのうえ、ユダヤ教はもともと農業と密接な関係があり、祭礼の歳時記も農民の生活に合わせて作られていたので（たとえば過越祭と除酵祭は大麦の収穫時に、七週祭は小麦の収穫時に行ない、仮庵祭は果実の収穫を祝ってというふうに）、自然界相手に農業や牧畜業で生計を立てる彼らのケルト伝来の生活様式とつながりがあった。パウロは、そうした異教の背景を見透かしたうえで、こう批判の言葉を彼らにぶつける。

ところで、あなたがたはかつて、神を知らずに、もともと神でない神々に奴隷として仕えていました。しかし、今は神を知っている、いや、むしろ神から知られているのに、なぜ、あの無力で頼りにならない支配する諸霊の下に逆戻りし、もう一度改めて奴隷として仕えようとしているのですか。あなたがたは、いろいろな日、月、時節、年などを守っています。あなたがたのために苦労したのは、無駄になったのではなかったかと、あなたがたのことが心配です。

（「ガラテヤの信徒への手紙」四―八〜一一）

異教の諸霊や神々は、自然界の生の動きを体現し、自由気ままに動いて人間の言うことなど聞き入れてくれない。その意味で「頼りにならない」。それでいて、人間の感覚と欲望を刺激し、肉体を翻弄して、人間を「支配する」。そんな神々の奴隷になるよりは、知性を働かせて真なる神の〝霊〟に感謝する生活に切り替えよというのがパウロの教えなのだ。

†はっきりした区別

気になるのはパウロが〝霊〟と〝肉〟の明確な二元論に立っていることである。

この二元論の識別は、精神と肉体、知性と肉欲を区別するというだけにとどまらない。知性でのみ理解できる天上の精神世界と、人間の肉体で感覚できる地上の物質界との区別、そしてその精神界に住まう唯一の神と物質界に住まう神々との区別に行き着く。

パウロは、天上の精神界の一柱の神を真の神と信じて、自然界に住まう神々を信じるなと厳しく迫っているのである。この厳格主義にはパウロの性格も影響しているが、しかしまたヘレニズム都市の環境も影響していたと思われる。

ヘレニズム時代から東地中海世界の諸都市は、遠隔地貿易、商業、金融業、製造業などがさかんで、「古代資本主義」と評されるほど高度な合理主義的経済圏を樹立していた。そこでは黒白明確で、安定した見方が共有されていた。曖昧で、すぐ変わる見方、地域ごとに異なる価値観では、広範囲かつ継続的なお金や物のやりとりは困難になる。この共通の合理的な見方を支えていたのが「コイネー」と呼ばれていたギリシア語である。東地中海世界が古代ローマの支配に入っても第一の共通語はこのギリシア語だった。古代ローマの公用語ラテン語は政治支配上の共通語にすぎなかった。新約聖書に収められた文書もすべて「コイネー」で書かれている。キリスト教がヘレニズム諸都市の宗教だったことの証しである。

パウロはこの都市文明のもとで生まれ育ち、活動し、そして支持者を増やしていった。三度に及ぶ伝道旅行も、海路を別にすれば、ローマ街道を通って都市から都市への移動であり、彼が信者を募ったのも都市の住民からだった。そのなかで、ガラテヤ地方への旅は、古代都市文明の外への旅という性格を持つ。都市型の安定した二元論的発想に心底なじめずにいる人々のなかへ入っていったのだ。

小アジアの高原地帯で農業と牧畜業を生業にし、蛮勇を誇っていた彼らガラテヤの人々は、祖先のケルト人と同様に、自然の生の表出に動かされやすいタイプであり、理性よりも感性の人々だった。パウロに言わせれば「物分かりの悪い」人々になってしまうが、この感性はまた、自然の生に敏感に反応し神々《こうごう》しさを感じ取ることを彼らに可能にしてもいた。地中海都市文明にはない宗教的な感性を彼らガラテヤの人々は持っていたのだ。

ではロマネスクとの関係はどうなっているのだろうか。

ローマ的でありながらローマ的でないという曖昧な中世ロマネスクのキリスト教文化は、パウロの峻厳さおよびその背後にある地中海都市文明と、無定見なガラテヤの人々およびその背後のケルトをはじめゲルマンなど西欧の古層を形成した人々（ジェルヴィルの言い方では「我々の粗野な先祖たち」）の文明とのあいだのさまよいとみなすことができる。この両極を肯定しながら、そのあいだを揺れ動いて様々な混交を生み出したのがロマネスクなのだ。

†形を重視する表現

だがキリスト教と異教の混交ならば、すでに三一三年のミラノ勅令以降の古代ローマで起きていたのではなかったか。ピーター・ブラウンの「故意の曖昧さ」はそのことを表す研究者の言葉だ。

とはいえ紀元四世紀のこの曖昧さは、都市文明の優越が前提となっていた。地中海世界の先進地帯である東地中海の都市文明を手本に古代ローマは、巧みな土木建築術と法秩序の構築によって、イタリア半島を越えて西地中海の世界へ一様な都市文明を築いていったのだが、そうしてできた都市社会のなかで「故意の曖昧さ」は生じたのだ。図像表現からもそのことが読みとれる。

サンタ・コスタンツァ霊廟の環状周歩廊の天井を飾るモザイク装飾をもう一度見てみよう。そこでは人間の顔も植物の枝葉も実も鳥も角笛も壺も、くっきりと輪郭が描かれて、その物自体をはっきり捉えることができる【図1−19】。壁龕の天上のイエスもペトロも木々もそうだ。

この装飾では、輪郭を明確にして描き、図像の形を決定して、そこに節度よく穏やかに色彩を収める描き方、いわゆる「線の美学」が実践されている。古代古典主義の大原則になった表現法だ。この場合、「線」とは輪郭線を指す。哲学者アリストテレス（前三八四―前三二二）が『詩学』で示唆している描き方である。

図1-19　サンタ・コスタンツァ霊廟の環状周歩廊のモザイク装飾画

仮に、誰かが極めて美しい色々の絵の具を使って描いたとしても、ただ絵の具の流れ出るに任せて構図もない塗り方であるならば、〔その絵の喜びは〕ものの形を輪郭正しく素描しただけの絵が惹き起こす喜びにもおよびはしないであろう。

（アリストテレス『詩学』今道友信訳）

このアリストテレスの示唆を単純化すれば、彼の絵画観は、線か色彩かの識別を設定していて、線の方を優越させている。線は「形相《エイドス》」（「原型《イデア》」に相当する）に関係し、色彩は「物質《ヒュレー》」に関係する。物質とは物の作るときの素材と言い換えてもいいが、もともと定まった形のない泥や岩、水がこれにあたる。アリストテレスはこの形と物質の二元論に立っていて、表現においては前者、すなわち形の表現の方を優越させているのだ。古代ギリシア、ヘレニズム、古代ローマと続く都市文明の絵画表現の基本がここにある。絵画だけではない。彫刻もそうだ。人体であれば、形姿（外観）がしっかり作られ、そのなかに節度よく収まるように肉体（つまりそれを表す素材の石）が処置されるということだ。

哲学者がこの表現を先導したのではない。古代都市文明のなかで息づいていた表現のあり方をアリストテレスが哲学の用語で代弁したということだろう。ともかく、彫刻でも絵画でも形の美が重んじられ、その形を無視してまで素材の質感をアピールすることは許されなかった。そして対象を彫刻に、あるいは絵に再現するにあたっては、写実を旨《むね》としながらも、対象をそのまま写すのではなく、理想的な美へ作り変えることが求められていた。「形相《エイドス》」には理想の形という意味も含まれており、個々の事物を表現するときも、その外形を少しでも理想の形へ近づけることが求められていたのだ。あのコスタンツァの肖像も実際より美しく描かれていたのかもしれない。

†樹葉と人面の混交

ともかく、サンタ・コスタンツァ聖堂のモザイク画はまさにこうした都市で育った表現のみごとな結晶なのである。形がはっきり描かれていて、見る者の脳裏にある原型《イデア》とすぐさま一致するため、これは葉、これは人、これは鳥と迅速に対象を把握できるのだ。都市の人々の生業である交易も製造業も、ものが明確に表現されているからこそ成立する。古代ローマでは、バックス信仰にとって神聖な野生のぶどうの蔓や果実も、彼ら都市生活者の美意識に合わせて表現された。

中世ロマネスク時代のキリスト教文化の拠点は、豊かな自然を背景にした農村の教会堂や僻地の修道院であった。そのせいで、教会に描かれる異教の表現も、明確な形の重視から、自然界の物質の重視へ移っている場合が多い。植物の葉も形が定まらず、また人の顔も輪郭が不明瞭になる。

その例としてジェルヴィルが報告するノルマンディー地方の田舎の教会堂を訪れてみよう。序でも紹介したトールヴァのサン・マルタン教会堂である（外観は図序－4、一七頁）。彼が「好奇心をそそる」と形容する西正面扉口の前に立って右側の柱頭彫刻に目をやると、にわかに識別できない図像が彫り込まれていて、まさに好奇心を刺激される。植物の枝葉らしき模様のな

▶図1-20　トールヴァのサン・マルタン教会堂西正面扉口の柱頭彫刻、11世紀
◀図1-21　ドイツ、バンベルク大聖堂のグリーンマン、13世紀

かにグリーンマン（葉男）がいる【図1-20】。左右に広がる葉を眉毛、その下の小さく穿たれた穴を目、二葉のあいだの茎を鼻にして、その下にぽっかり開いた穴を口にする男の顔。植物と人面がそれぞれの個別の輪郭を失って混ざり合っている。

この種のグリーンマンの彫刻は、中世ロマネスクとゴシックの教会堂には頻繁に飾られているのだが【図1-21】、そのルーツの一つとして挙げられるのが古代ギリシアのディオニュソス信仰だ。紀元前五世紀のその仮面を見ると、ディオニュソス神の目鼻立ちは明瞭である【図

図1-22　ギリシア出土のディオニュソス神の仮面、紀元前450-前400年、ルーヴル美術館所蔵

1―22】。これは目、これは鼻としっかり識別できる。髪の毛の樹葉がぶどうを実らせているのもよく見て取れる。

†ねじれ柱の物質性

再びサン・パオロ・フォーリ・レ・ムーラ教会堂に戻って、その南に隣接して建てられた一三世紀前半の回廊を訪れてみよう。こちらは幸い一八二三年の火災を免れた。

この回廊のなかに入ると、そこには中世ロマネスクに特有のねじれ柱が林立している【図1―23】。ぶどうの木の幹のように二本の柱身が絡みあいながら伸びている柱があるかと思えば、まるで人間が身体をくねらすように、前後左右に柱身を揺らし

▲図 1-23　サン・パオロ・フォーリ・レ・ムーラ教会堂付属回廊、12-13 世紀

◀図 1-24　サン・パオロ・フォーリ・レ・ムーラ教会堂付属回廊のねじれ柱、コスマティ風装飾、12-13 世紀

ながら伸びている柱もある。素材が強烈に自己主張している。白い大理石の質感が、露出した肉体のように妙に際立って、エロティックな印象さえ与える。そうかと思えば別の柱では、コントラストの強い二種の彩色石材が螺旋《らせん》状に上昇していき、しかも突然その上昇がジグザグ模様に交替したりしている。この柱には「コスマティ風」の象嵌《ぞうがん》(斑岩やガラスモザイクの三角形・四角形の小破片を白い大理石に嵌《は》め込んで作る装飾技法)による幾何学模様がこまめに施されているのだが、際立つのは色の深さと石材の輝きなのだ【図1-24、口絵6】。

中世ローマの大理石職人であったコスマティ家の一族は、古代ローマの遺跡から貴重な多色の石材を集めては、それをときに粉々に砕いて再利用し、教会堂の床などに大きな幾何学模様の装飾を施した。

かつて帝国全体の都市網の中心として人と物が大量に流入してきたローマ、紀元二世紀には人口一〇〇万を超え広壮な建築物が建ち並んでいたこの大都市も、六世紀から零落の一途をたどり、人口もたったの三万、廃墟が目立つばかりになる。それでも一二世紀、一一二〇年代になると、教会と修道院が市内の所領を新参者に農地として貸し与えるなどして徐々に復興に向かいだしていた。

この場合、都市の復活といっても、往時の古代ローマとは趣きを異にしていた。広大な帝国全体の都市を結ぶネットワークの要として存在していたかつてのローマとは違って、中世一二世紀から一三世紀にかけてのローマは、狭い世界での、しかも近接した農業に支えられての復興だった。近接どころか、閑散としたローマの市壁内に、住居地とは別に農地を切り拓いての復興だった。

近隣農業と連動しての都市の復活ということでは、ローマよりもむしろ、北イタリアの自治都市（コムーネ）のほうが早く、また顕著であったが、ともかくも古代ローマ時代とは違って中世では、近隣の農村から直接に人と物が流入するようになって、農民あがりの新都市民はもちろんのこと、旧都市民も、自然界に生きる人とその生産物によりいっそう密着して生活するようになったのである。

中世ロマネスクは、地方の農村や僻地の教会堂で興隆しただけでなく、こうした新たな都市環境のなかでも生まれた。都市が、大地と自然に生きる人々と密につながりを持つようになったとき、都市においてもロマネスクが現れ出したのである。

コスマティ家は、こうした一二世紀からの新たな動きのなかで、建築そしてモザイク装飾を請け負って活躍した。とりわけ、その一族に属するヴァサレットの工房は、サン・パオロ・フォーリ・レ・ムーラ教会堂の回廊の列柱を作るにあたって、中世都市の新たな動きを、きわめて大胆な意匠で表現した。古代ローマの「線の美学」を尊重しつつも、整形美と輪郭線を逸脱してまで物質の魅力を強調したのである。古代ローマの時代、遠く属州から帝都へ運ばれ、貴族の邸宅などで古典主義の整形美に貢献した石材が、今や輪郭線ではなく色彩、形ではなく素材、つまりアリストテレスの言う「物質《ヒュレー》」の魅力を放つようになるのである。ちなみに物質を表すこのギリシア語ヒュレーは「森林」という意味も持っていた。

ここサン・パオロ・フォーリ・レ・ムーラ教会堂回廊のねじれ柱の列柱には秩序がないわけではないし、幾何学の発想も十分に息づいている。しかしそうした古典主義の基盤からさまよい出るように石と色彩が生命力を蘇らせている。古典主義の要、「線の美学」とは別の美学がここにはある。形と輪郭から生を表出させる美学、それを今、「物質の美学」と呼んでおこう。

ここでいう物質とは物体のことではない。物体の奥から出てくる力。人体にしろ、樹木にしろ、その内側から出てくる生命力のことである。森林のなかを歩けば、都市にはない生の息吹きに包まれる。キリスト教の「聖霊」はもとをただせば霊魂信仰に行き着くが、その霊魂も、人間の吐く息や自然界の風を意味していた。直接、目には見えないが確実に感じられる人と自然の息吹き、その勢い、動き。中世のロマネスク世界の人々は農民も修道士もそのように人と自然の内奥から表出してくる生命力に敏感であり、心から魅せられていた。そしてその魅力を柱頭彫刻や写本挿絵にふんだんに表現していった。彼らは、顔の表情にしろ、ぶどうの木の幹にしろ、安定した形を壊して発露されるその力が、村の教会堂や修道院の回廊においてまで再現されることを欲した。石はただの建築素材ではなく、色彩も形象表現の道具ではなく、生命力を放つ物質として意識されていた。

十字架も古代ローマの単なる処刑の道具ではなく、パウロが説くような神の愛の象徴にも留まらず、樹木として意識されていた。

†十字架はぶどうの木

イエスの磔刑は悲劇的矛盾を露呈した。生前のイエスは神のよき霊（聖霊）が直接に地上に介入すると説いていた。律法の遵守、神殿参拝のいかんにかかわらず、まず神が動いて、ユダヤの人々に幸福をもたらすと説いていたのだ。彼自身、数々の奇跡を通して、この神の直接的な介入を実証していた。しかし十字架に架けられたとき、神は動かず、イエスをいわば見殺しにした。「マルコによる福音書」によればイエスは十字架上で絶命のまぎわにこうアラム語で叫んだとされる。「わが神、わが神、なぜ私をお見捨てになったのですか」（「マルコによる福音書」一五―三三）。

パウロの「十字架の神学」はイエスのこの矛盾をただす試みだった。十字架も忌まわしい処刑の道具ではなく、人類への神とイエスの愛、そしてその返礼としての神とイエスへの人類の愛を示す象徴になる。

パウロによれば、十字架上でのイエスの死はアダム以来の全人類の罪を贖うための神のよき計らいだった（「十字架の神学」）。この神の愛とイエスの犠牲に感謝し、神とイエスに愛を返してこそ、人は罪のない正しい状態で、よき人として、生きられる。律法も神殿も介さず、十字架に思いを馳せ、神とイエスをただ愛するだけで正しい信仰の道に入れる、パウロはこう主張した（信仰義認論）。十字架が彼の主張の要に位置しており、以後、信仰のシンボルになっていった。

だがそうして信仰の象徴として十字架が使われ出しても、大方のローマ人は、従来のまま処刑の道具と捉え、刑場での死を想起していた。初期のキリスト教徒がローマ社会で不吉がられ「葬儀組合」などと誤解されていた所以《ゆえん》である。

中世になると、知的エリートの聖職者のあいだではパウロの十字架の考え方が継承されたが、民衆のあいだではそこに異教の樹木信仰がつなげられていた。信仰のシンボルに生き生きとした樹木がつなげられ、生命の息吹きを得るのである。そのことを大方の聖職者が許容していた点に中世の特徴がある。なかには、十字架をぶどうの木に重ねて詩を書く司教さえいた。中世初期の例だが、ドイツの象徴研究家マンフレート・ルルカーの解説を引用しておこう。

樹としての十字架の概念は、すでに六世紀のポワティエの司教ヴェナンティウス・フォルトゥナトゥス（五三〇—六〇〇、イタリアの中世ラテン詩人でフランスのポワティエの司教になる）

のテクストに見出せる。

〝豊かな実りよ、おお、汝、甘美にして堂々たる十字架の樹よ！
汝の撓《たわ》んだ枝は、かつてないほどに果実をつけている。
その芳香により、死者の肉体は蘇り、
暗き墓より再び生まれでる。
ブドウの木は汝の腕に絡まり、
甘いブドウ酒を血のごとく流す〟

（マンフレート・ルルカー『シンボルとしての樹木』林捷訳）

この詩の作者は、聖職者として、イエスの復活を磔刑のさなかと墓のなかから立ち上げている。古代ギリシアのディオニュソス神話に謳われるぶどうの木への崇拝と復活説を拠りどころにしているのだが、伝わってくるのは、自然界の生の豊かさなのだ。果実の芳香、その実の重みで撓むぶどうの木の枝、絡まり伸びる蔓や葉、そしてぶどう酒の芳醇な味わいと色。中世の聖職者のなかには、ぶどうの木の感覚を農民と共有し、十字架という象徴記号に樹木と果実の生を感じる人が少なからずいたのだ。彼らはまた、天上の父なる神を農夫に、自分をぶどうの木に重ねて生のつながりを説いたイエスの心情とも近かったと言える。

†石柱が樹木になって福音を語りだす

サン・パオロ・フォーリ・レ・ムーラ教会堂の堂内にもう一度戻ってみよう。身廊の南側前方には一八二三年の火災を免れた中世ロマネスク時代の貴重な石の円柱が立っている。一一七〇年頃に制作された、高さ五・六〇メートルの巨大な燭台《しょくだい》である【図1-25】。その制作には、回廊を手がけた工匠の一人ピエトロ・ヴァサレットも加わっていた。台座には帯状にラテン語の詩文がこう刻まれている。

樹木は果実をもたらす。
私もまた樹木。光をもたらす。
この祭儀の日に私はよき知らせをもたらす。
キリストは復活せり、という福音を。
私が見せるのは、
十字架に捧げられた神の光輝なのだ。

自分は樹木なのだと石の柱は告げている。その樹木がイエスの受難と復活を体現し、信者の心に希望の光を与えているというのだ。じっさい樹木の幹に匹敵する柱身にはイエスの逮捕、ピラトによる審問、十字架上での死、そして復活の場面が彫り込まれ、さらにその上にはぶどうの蔓が果実を実らせながら絡みあい、さらに上には人面四足獣の怪物が何匹も蝟集《いしゅう》している。ロマネスク特有の図像世界だ。そして柱の頂きは大きな燭台になっていて、復活祭前夜の土曜日（聖土曜日）には巨大な蠟燭《ろうそく》が立てられ火が灯される。

石の柱を樹木に見立てて敬う樹木崇拝に拠りつつキリスト教の教えを説きはじめて、蠟燭《ろうそく》に灯る物質的な光から心の内で輝く精神的な喜ばしき知らせへ信仰を導いているのだ。自然豊かなヨーロッパの地に超自然神への信仰を生育させた中世キリスト教のあり方がここにうかがえる。

図1-25　サン・パオロ・フォーリ・レ・ムーラ教会堂の大燭台円柱、1170年頃

石が樹木につながり、イエスの復活へつなげられる。巨大な蠟燭の火に際立つ物質性が神のよき知らせという精神的なテーマへつなげられている。中世ロマネスクは概念も図像も輪郭を超えて他のものへさまよい出て、結びつこうとしている。その世界がどのようにできていったのか、古代ローマから中世へ歩

を進めて探ってみよう。

第2部

古代から中世へ

9世紀半ば、アストゥリアス王ラミロ1世が首都オビエド近郊に創建したプレ・ロマネスクの教会堂サン・ミゲル・デ・リーリョ聖堂、西欧中世教会堂の「銀河系」を形成するスペインの作例

第1章 小さな罪

1 異教の演劇から

†不徹底な異教対策

この第2部では、古代末期から中世へ西欧の新たな歴史の展開を見ていきたい。中世中期のロマネスクの登場をもたらした宗教的な背景を古代末期から辿《たど》ってみたいのだ。

キリスト教徒が異教の供犠を嫌っていたことはすでに述べた。一神教の立場ゆえに、多神教の祭儀には参加できなかったのだ。しかも供犠は、異教信仰の最も迫力のある現場だった。生《いけ》贄《にえ》の動物を神殿で屠《ほふ》るときには、その動物から叫び、大量の血、異臭が発せられて、この地上に聖性の出現を見る異教信仰の本質がリアルに体験される場だったのである。

三一三年にキリスト教を公認したコンスタンティヌス大帝も供犠を嫌悪していたが、彼の後継の皇帝たちは公的に供犠の禁止を定めた。供犠禁止の勅令は四世紀に何度も彼らによって出された。大帝の息子コンスタンティウス二世（在位三三七―三六一）は三四一年と三五六年に、テオドシウス帝（在位三七九―三九五）も三八一年と三九一年に禁止令を布告している。

これだけ禁止令を出さねばならなかったということは、裏を返せば、継続的にあるいは断続的に供犠が実施されていたということだ。三九二年にキリスト教国教化が決定され、異教信仰が全面的に禁止されたあとも、とりわけ農村部では供犠は続行されていた。

都市においては、たとえ供犠への規制が厳しくて、これを実施できないときがあっても、芝居や見世物など異教の神々を題材にした催しはルディにおいて相変わらずの賑わいだった。ルディとは公的祭儀に伴う催しの総称のことで、その日数は、属州拡大と祭儀の増加にしたがい、初代皇帝アウグストゥス（在位前二七―後一四）の時代には年間七十七日であったのが、四世紀半ばには百七十七日に達したという（後藤篤子氏の論文「ローマ帝国における「異教」とキリスト教」）。一年のおよそ半分がお祭り騒ぎとは、生産重視の現代社会では考えられないことだ。

異教の神殿を閉鎖する勅令も三五六年と三九一年に出されている。これは神殿への宗教目的の訪問を禁止しただけで、神殿が破壊されたわけではない。神像《シムラクルム》も温存された。ただし三九二年以降になると、神殿は別の共同施設として利用され、神像は台座から降ろされて神殿の外へ、たとえば劇場へ移されて、異教の神話を題材にした演劇に使われた。その演劇がなんともエロティックだったのである。

†エロティックな演技

異教の演劇が猥雑だった理由は、ひとえに神話で語られる神々自身が淫蕩だったことによる。ローマの主神ユピテル【図2―1】の前身はギリシア神話のゼウスであるが、その性生活は自由奔放で、妻のヘラがいるというのに、雄牛に化けて美女エウロペーを誘拐して交わったり、白鳥に変身してレダを籠絡《ろうらく》したり、話は尽きない。美の女神ウェヌス（ギリシア神話のアフロディーテー、英語ではヴィーナス）【図2―2】にしても夫がいる身で、軍神マールス、商人と旅人の守護神メルクリウス、美少年アドーニスらと享楽に耽った。

こうした神々の話をその像の前で演じた芝居は、神殿閉鎖令以前からすでに行なわれていて、しかも神々の淫らな行状にそぐうように娼婦が役者に抜擢されていた。その性の演技はときに神々のエロスを上回るほどで、神々を愚弄することすらあった。しかも劇の最後には神像の前で観客とじっさいに性の交わりに入ったという。フランスの思想家ピエール・クロソウスキー（一九〇五―二〇〇一）は、古代ローマの演劇に精通していて、様々なローマ人の証言によりながら、当時の黙劇（身振りだけの演劇）の様子をこう紹介している。

ローマ時代の著作家たちの度重なる憤慨、なかでも聖アウグスティヌス以前の時代になされたテルトゥリアヌス〔二世紀後半から三世紀にかけてのキリスト教神学者〕、ラクタンティウス〔二五〇?―三一七頃、キリスト教の著述家でコンスタンティヌス帝の助言者〕などの激しい抗議、これらはすべて、以下のアルノビウス〔二四〇?―三三〇頃、当初は異教徒としてキリスト教を批判するも、のちにキリスト教の護教論者になった。ラクタンティウスの師〕の断定に要約される。黙劇においては聖なる神々を演じる者《ペルソナ》たちがこれ以上に卑猥なものはありえないという場面に登場し、あっけらかんとした観客たちの哄笑を誘発しようとするのである。神々は揶揄され、罵詈雑言を浴びせかけられる。劇場内には観客の喚声がひびきわたり、拍手喝采のなかで、全員がこぞってもっとよく舞台を見ようとして立ち上がる。見世物のほうは、ウァレリウス・マキシムス〔紀元一世紀前半の歴史家〕によれば、たいていの場合は乱行の場面を含んでいたということであり、またミヌ

▶図2-1　ユピテルの神像、紀元1世紀末、プラド美術館所蔵

◀図2-2　ウェヌスの神像、紀元前1世紀、フランス、アルル出土、ルーヴル美術館所蔵

キウス・フェリクス〔三世紀初めの護教家〕によれば、破廉恥な行為が激しく繰り広げられたという。すなわち役者はこのような神を瀆《けが》す行為の披露、実演、描写をおこない、それによって観客の魂を奪うのである。（ピエール・クロソウスキー『ローマの貴婦人』千葉文夫訳）

クロソウスキーが注目するのは、このような役者による瀆聖行為がいささかも神々の神聖さを損なうとはみなされず、役者を非難する事態にもならなかったということである。これがキリスト教の神に対してならば、瀆聖行為を働いた者は悪人となり、断罪される。善と悪の見方がしっかり固定されているからだ。古代ローマの演劇空間は善悪の彼岸にあった。神々自身が善悪の彼岸で遊んでいたからである。もとをただせばこれら異教の神々は、自然界の驚異的な現象を表す存在なのであり、その現象は人間の価値判断などにおかまいなく生滅しているのである。

†能動的な神像

クロソウスキーはさらにここに宗教の根源的現象を見出す。「神の顕現」（テオファニー）という表出の現象である。

ところで、舞台出演と自己露出――すなわち演じること――への欲求は、祭祀と見世物における神々の顕現と緊密に結びついている。神々を見ようとする欲求、またそれぞれに姿かたちと肉体を与えて、愛欲の世界に生きる存在として想像しようとする欲求、そしてまた女たちが自己の肉体を人目にさらそうとする欲求、あるいは女を人目にさらそうとする男の側の欲求、これらすべての欲求は同一の起源〔神々の顕現〕に遡るのである。

（クロソウスキー、前掲書、強調はクロソウスキーによる）

この「神々の顕現」はもちろん神々が主導権を持っている。神々の自発性、つまり気まぐれで人知を超えた自律的情念によって起きることなのだ。舞台の上に置かれた神像はそのような神々の不合理な在り方を体現する表象だった。クロソウスキーの発言をさらに聞いておこう。

いくつかの女神の像を対象にした水浴の儀式は有名である。この儀式が浄めの性格をもっていること、神の影像にその力を回復させるという効力を水がそなえもつことなどの強調はここではせずに、ただ舞台で彫像が際立ちだすことだけを心にとめておく。ほかの例としては行列行進の際に一緒に運ばれる神々の彫像は、それぞれ特有の動きを示し、それと結びついて一種の予見能力がそこに認められた。マクロビウス〔四〇〇年頃の文献学者、哲学者〕にしたがえば、運び手たちは、《神の息吹》によって追い立てられ、一定の方角へ彫像を運んでいくのである。アンティウム〔ローマ近くの港町〕においては二体のフォルトゥナ神の彫像はひとりでに動き始め、託宣を告げたという。

（クロソウスキー、前掲書、強調はクロソウスキーによる）

ここには重要なことが示唆されている。神的なものをどう捉えるか、つまり私が見る、私が理解するといった近代的な「私」中心の対象把握とはまったく逆のことが古代では起きていたということだ。

美術館などで古代ローマの神像を鑑賞したとしよう。我々は、それが何の像なのか、理解しようと努める。説明書きや案内書の文章を読んで情報を得て、その神の名を、そしてその内容を、つまり美の女神だとか軍神だとか、その像の表す内容を把握した気になる。この場合、像の前に立つ我々が能動的に像に働きかけて理解を進めているわけだ。

古代ローマではこれとは反対に、神像の方が能動的だった。それも圧倒的な表出で個人に迫り、個人を翻弄していた。先走って言えば、中世ロマネスクの時代にも同じことが起きていた。いや、よりいっそう神々が、その生命力が、人間を動かしていたと言えるだろう。というのも、中世ロマネスクの時代においては、理性的な形態を描く「線の美学」が解体して物質の力がより強く前面に表出し、それだけにいっそう神的で不可解な像、たとえば柱頭に飾られた異様な像が聖なる《息吹》を発して、個人を魅惑し、誘惑し、翻弄していたからである【図2-3】。彫刻だけではない。聖書写本の文字、その装飾画、聖歌、教会堂の建物内部を飾る壮大な壁画【図2-4】、そしてその建物自体が圧倒的な力で一人一人の人間の感性を動かしていた。人々は表現物を通してキリスト教側からの要求を認めつつ、同時に神々からの求めを認めていたのである。天上の「神の国」を志向せよという要求を汲みながら、自然界の、たとえば動物たち

▲図2-3 フランス、ショーヴィニーのサン・ピエール教会堂、内陣柱頭彫刻、12世紀
▼図2-4 フランス、サン・サヴァン大修道院付属の教会堂、内陣天井の壁画《ノアの方舟》、上段にノアの一族、中段に鳥、下段に馬などの四足獣が共存している。12-13世紀

の、ときに柔和、ときに恐ろしげな生命力に対しても、これが人々を魅惑することを許していたのだ。ロマネスク時代の人々は、そうして神と自然のあいだを、神の国と地上のあいだを思うがままさまよって、両者をつないでいた。

†ローマ喜劇の仮面がロマネスクの悪魔の顔になる

古代の演劇と中世ロマネスクに関して、もう一点補足しておきたい。

古代ローマ演劇の役者は、ギリシア演劇を踏襲して、仮面を用いた。その仮面には悲劇用と喜劇用の二種類があったが、悲劇の仮面が写実的に人間の顔を模していたのに対して、喜劇の仮面は、写実的なものもあったが、しばしば、可笑《おか》しさを際立たせるために非現実的なほど表情を誇張させていた【図2-5】。眉《まゆ》を極度に引きつらせていたり、目をかっと見開いていたり、異様なほど口を大きく開けていたり、その極端な表情は人間離れしていた。

これら古代ローマの仮面は、当初は皮革か木材で、次いで石膏と布切れで作られたため、中世にまで残存した作品は少なかった。しかし古代ローマの公衆浴場など公共建築物の壁面装飾や貴族のヴィラ（地方別邸）の床モザイクに色彩豊かに描かれていたため、中世の人々はそれらの遺跡を通して知ることができた。

ここで、中世ロマネスク建築の傑作、オータンにあるサン・ラザール大聖堂のティンパヌム

（扉口上部の半円形部分）の彫刻【図2－6】に関して近年出された解釈を紹介しよう。ロマネスク時代の職人たちは、この彫刻を制作するにあたり古代ローマの喜劇用仮面を参考にして怪物や人間の顔を作り上げたというのである。彼らは、喜劇の仮面の表現を悪魔や地獄落ちの人々に活用したのだが、そのさいに、この表現を仮面という道具から引き離して、これら地獄の登場者たちの素面に、彼らの表情そのものに、同一化していった。人間の生身の生命力の表出に変えてしまったのである。地獄や堕地獄というキリスト教のテーマに重ねながら、人間の奥深くまた不気味な力の表現にしていたのだ。中世の巡礼者を引きつけたオータンの地獄図の迫力がここにある。

図2-5　古代ローマの仮面。右は役者に仮面を渡しているところ。前面下に置かれている仮面を見ると、写実的だ。ポンペイ、悲劇詩人の家から出土。3世紀のモザイク画。ナポリ考古学博物館所蔵。左は仮面を被る喜劇役者、紀元前1世紀のテラコッタ、ルーヴル美術館所蔵

ギスレベルトゥス〔この教会堂の図像の作者とみなされる人物〕とその工房が、古代演劇に由来するこれら仮面のモデルをたいへんしっかり吸収し同化してしまっているの

で、多くの場合、仮面が仮面ではなく、人物たちの表情、それも奇妙であったり、化け物じみていたりする表情の原型になっているのである。ティンパヌムに登場する悪魔や地獄落ちの者のいくつかの頭像は、古代の仮面の特徴を再活用している。つまり頭が身体に対してひどく肥大していたり、眼窩《がんか》が落ちくぼんでいたり、またとりわけ分厚い唇が大きく開かれていて、古代喜劇の仮面のいくつかの作例のようなのだ。

（ピエール＝イヴ・ル・ポガン「美術史におけるオータンのティンパヌム「最後の審判」の位置――廃棄から輝きの再発見へ」『啓示　オータンの大扉口』二〇一一年）

この論者が例示として挙げる地獄の化け物や堕地獄の人の顔【図2－7】を見ると、彫刻の利点、つまり仮面よりもいっそう立体表現に長けている利点を活かして、単なる古代の図像の「転用」・「再利用」よりも一段と深い次元から表現が試みられていることがわかる。誇張や解体といった表現が生命の力に密着していて、迫真性を帯びているのだ。それが、図像のメッセージとともに、あるいはそれを超えてまで、巡礼者の心を引きつけていた理由だろう。

キリスト教側としては、悪魔の不気味さ、堕地獄者の絶望感を通して、地獄の恐ろしさ、何としてでも避けるべきところ、といったメッセージを伝えたかったのだ。しかし誇張や解体をきかした地獄図は、異様に生々しく、そのメッセージに寄り添いながら鑑賞者の好奇心を刺激

▲図2-6　フランス、オータンのサン・ラザール大聖堂、北扉口ティンパヌムの彫刻、12世紀
▼図2-7（下3点）　図2-6の右下部分の拡大図、悪魔たちと堕地獄の人々、12世紀

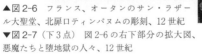

する効果をも発揮していたと思われる。アウグスティヌスが死体を例に挙げて批判した好奇心である。

2 アウグスティヌスの批判

†演劇は伝染病

古代ローマ末期の演劇が猥雑を極めていたため、教父アウグスティヌス（三五四―四三〇）もたまりかねて、晩年の著作『神の国』（四一三―四二六）でこれを批判した。

アウグスティヌスはこの古代の神像と演劇の魅惑をよく知っていた。そしてこれをキリスト教側に立って批判した。彼はローマ帝国内の北アフリカの都市ヒッポ（現在のアルジェリアのアンナバ）で聖職に就き、三九六年からは司教の身分にあった。

『神の国』の執筆動機は、四一〇年の西ゴート族のローマ攻略に対する異教勢力側のキリスト教批判にある。つまりこの未曾有《みぞう》の不幸はローマ帝国がキリスト教国になったのが原因で起きたのだとする異教勢力側の言いがかりに応えて、アウグスティヌスはキリスト教の正義を立証しようとしたのである。その彼から見て異教の演劇の放埒《ほうらつ》ぶりは異教の悪の最たる例だった。

彼はこれを「忌まわしき霊」による「精神の疫病」とこきおろし、四一〇年の災厄《さいやく》のあと、北アフリカの大都市カルタゴにまでやってきたと嘆く。

そして、この新しい疫病はあのあわれむべき人びとの心をあのような暗黒をもって暗くし、あのような醜状をもって汚したので、これはわたしたちの子孫がきいてもおそらく信じないであろうが、ごく最近も、ローマ市が攻略されたのち、そこからカルタゴに逃れて来たかの疫病のとりこになった人びとは、日々、劇場であい争って役者のために熱狂するのである。

（アウグスティヌス『神の国』服部英次郎訳、第一巻第三二章）

この「精神の疫病」が伝染したのは、アウグスティヌスによれば、「あわれむべき人びとの心」が「忌まわしき霊」の表出に反応したからなのだ。その心を彼は羞恥心と対比させながら、好奇心と特定する。

彼によれば、羞恥心は、キリスト教の善悪の見方に発していて、破廉恥な演技から目をそらすように人を仕向ける、よき心の働きなのだ。逆に好奇心によって人は異教の霊の表出に侵されて、不道徳な思いや行為に走ってしまう。

†好奇心への批判

アウグスティヌスはもう一つの大作『告白』(三九七―三九八)で一つの章(第一〇巻第三五章)をさいて好奇心を批判した。出発点に置かれているのは新約聖書「ヨハネの手紙第1」にある強烈な禁止命令だ。

この世とこの世にあるものを愛するな。この世を愛する者がいれば、御父への愛はその者の内にない。なぜなら、すべてこの世にあるもの、肉の欲、目の欲、生活のおごりは、御父からではなく、この世から出ているのだから。(新約聖書「ヨハネの手紙第1」二―一五～一七)

「この世」はギリシア語でコスモスであり「宇宙」とも訳されるが、聖書においては夜空の星から地上の生き物まで目に見える世界全体を指す。異教の神々の住まう場だ。アウグスティヌスは好奇心をこの世への「目の欲」に結びつける。この場合、好奇心から人が見ようと欲するのは、彼によれば、美しくて心地よいものではない。「好奇心はこれとはまったく逆の事物に執着する。不愉快で不快なものに関心を持つのだ。それも苦痛や苦悩を感じるためではなく、すべてを知りたい、すべてを体験したいという欲望からそうするのである」。そうした事物の例としてアウグスティヌスが第一に挙げるのが、「ずたずたに引き裂かれて、見るも無残な死体」である。戦いの終わった戦場にごろごろ転がっている酷《むご》い姿の屍《しかばね》だ。異教の見世物も例として挙げられている。これら死体や見世物は尋常でない気配を発していて、彼のようなキリスト教徒はそこに「忌まわしき霊」の表出を見るのだ。人はそうして「この世」に属する異教の神々の霊に囚《とら》われ、天上の「御父」への愛を失う。

アウグスティヌスはこの手の「小さな罪」をいくつも挙げて、中世のキリスト教社会に大きな影響を与えた。

†「小さな罪」を浄める旅路

アウグスティヌスは古代末期にラテン語で多数のキリスト教の宗教書を残した。続く時代、西欧の中世では教会でも修道院でもラテン語が共通語であり、アウグスティヌスの著作は次々に筆写されて、多くの聖職者と修道士に読まれた。活版印刷術が発明される一五世紀半ばまでは、写本が書物のあり方だったのだが、アウグスティヌスの著作の写本は、一九三〇年での現存数で『告白』二五八本、『三位一体論』二三三本、『神の国』三七六本、『詩篇註解』三六八本となる。これだけでもたいへんな数なのだが、消失あるいは未発見の写本の数も含めると、さらに多くなる。

西欧中世初期のキリスト教に与えたアウグスティヌスの影響として歴史家のピーター・ブラウンが重視するのは、「小さな罪」の問題である。好奇心もそうだが、『告白』にはアウグスティヌス自身の経験を通して窃盗、情欲、怠慢、愚かさ、奢り、浪費など小さな悪が列挙されている（とくに第二巻第六章など）。ブラウンの日本での講演録「栄光につつまれた死（五〜七世紀における死と死後の世界）」（ブラウン著、後藤篤子編訳『古代から中世へ』所収）によれば、アウグスティヌスはこの多くの「小さな罪」を「大きな罪」（殺人のように公的な贖罪を必要にする罪）と同じほどに重大視した。「日常生活の罪深さ」を説き、浄化の必要性を生活の重要事項に組み込んだというのである。だがそうなると、誰しも生まれてからこのかた、何度も多くの「小さな罪」を犯しているわけだから、浄罪にも時間がかかるようになる。死んでも死者の魂は未浄化の罪を背負い続け、浄化に努めねばならなくなる。「あの世」は遠くなったのだ。「この世」から幸福な「あの世」まで、曖昧な過渡期を経なければならないということである。アイルランドおよびイングランド北部のケルト系修道院の修道士は、こうした死後の苦しい旅路を想定して、日頃から罪を犯さないように禁欲的な生活に励み、しかしそれでも心の持ちようで「小さな罪」を犯してしまうから贖罪の祈りを日に何度も繰り返すようになった。

ブラウンは、こうした贖罪を負った死後の魂の旅路という発想、そしてこれを前提にした修道生活こそ、古代末期と中世初期のキリスト教を分かつ大きな特徴だと主張する。古代末期のキリスト教の考え方では、「小さな罪」の責め苦が死後信徒の魂に長く取り憑くことはなく、「あの世」での永世の生は死者の魂のすぐ近くにあった。対して、七世紀において「ケルト世界と北ヨーロッパの全域で、微に入り細をうがった新しい贖罪の形態が花開いた」のであり、これはブラウンに言わせれば「一つの静かな革命」にほかならず、その第一歩がアウグスティヌスによって踏み出されたというのである。この七世紀の心性革命の担い手は、聖コルンバ(五二一—五九七)や聖コルンバヌス(五四〇頃—六一五)らアイルランド出身のケルト系修道士が六〜七世紀にイングランド北部や北フランスに開いた修道院の修道士・修道女そしてその影響下にあった聖職者、つまり総じて言えば「世俗の権力者を超越する新しい「有徳貴族」」、「偏狭だとしても自己への確信に貫かれたエリート集団」(ブラウン『古代から中世へ』)だった。彼らは贖罪のための有利な環境と努力により、自らの死を「栄光につつまれた死」にすることに成功していた。

†有徳の人からそうでない人々へ

彼ら「新しい「有徳貴族」」はいいとして、しかし有徳でない貴族や庶民はどうなるのか。大多数の一般信徒は、禁欲的生活とは無縁であり、日々「小さな罪」を犯していても特段に贖罪の祈禱に励むわけではなかったので、長く辛い死後の旅が待っていた。ブラウンは、そんな貴族の女性の旅路を次のように紹介している。

もちろん、その死が「栄光につつまれた死」であったのは、特権的な魂の持ち主でした。普通の人に対しては、ダイモーンたちが死の床のかたわらで、魂が肉体を離れるやいなや手を伸ばそうと、待ち構えていました。聖人が享受したのは、聖ミカエルや天使や強力な聖人たちが与える、ダイモーンからの保護でした。アルビ司教サルウィウスの姪であるディオスコラが死の床に横たわっていたとき、ダイモーンたちは取り憑いた人間の口を介して、彼女の魂が大天使ミカエルの保護に導かれて自分たちの手をすり抜けたと、いらだちも露わに喚き立てました。ですが、誰もがダイモーンたちから完全に守られていたわけではありません。ファールムティエ修道院〔聖コルンバヌスの死後、六二〇年頃にその教えに沿って創設された北フランスの修道院〕では、少女デウレキルディスの母親――貴族で、大人になってからいやいやながらに俗世を捨てた人だったのですが――が、娘が天使に守られ安らかに息を引き取ってから間もなく、自らも死の床についたとき、ひどい苦痛を経験しなければなりませんでした。《デウレキルディスが死してからまもなく、彼女の母親も病に倒れ、四十日の間、肉体の恐ろしい苦しみを受けた。そしてこの四十日の期間が過ぎると、彼女はまず、ダイモーンたちの恐ろしい幻影に苦しめられたのだが、しかしそれが終わると、神の慈悲に慰められて、こうはっきり語った。娘の執り成しのおかげで、神の赦《ゆる》しを得ることができました、と。こうしてこの母親の魂は、肉体の縛りから解かれ、彼女はこれを天国へ返したのだった》

（ボッビオのヨナス『聖コルンバヌス伝』〔六四〇年頃〕第二巻第一五章より）」（ブラウン『古代から中世へ』後藤篤子訳、《　》内のヨナスの引用文は拙訳にて加筆）

ダイモーンとは、もとはソクラテスおよびその弟子のプラトンにおいて神々の意向を人間に伝える霊的仲介者であったが、キリスト教においては「この世」に住まう異教の神々の霊、つまりアウグスティヌスの言う「忌まわしき霊」とみなされ、悪霊、悪魔と規定された。六世紀から七世紀にかけてケルト系の修道院においてとりわけ強く「小さな罪」が意識され、禁欲生活と贖罪の祈りが徹底化されたのは、逆に見れば、それだけ強く彼らの意識のなかでダイモーンが息づいていたということだろう。「小さな罪」の元凶たる異教の神々の霊がドルイド教などの伝統として根強くケルト社会の人々に存在していたということだ。

†罪の意識の拡大

「日常の罪深さ」と「浄化の必要性」は、今しがた引用した文にある母子のように、有徳の貴族から、そうでない貴族へ広まっていった。北ヨーロッパのケルト、ゲルマンなど自然崇拝の異教の伝統が下地になって、つまり根強く残る異教の神々への信仰に対してこれらの神々を悪魔とみなす見方が出発点になって、「有徳貴族」の「エリート集団」からそうでない信徒へ、さらにいまだキリスト教に帰依していない多くの農民たちへ、徐々にキリスト教の罪責感が広まっていったと思われる。

八世紀から西欧で続いた異民族の侵入がようやく一〇世紀になって終息すると、まず貴族たちが、贖罪意識から所領の土地を寄進して修道院を活性化させ、また所領の村々に教会堂を建て始めた。ロマネスク時代の開始である。罪を意識させる図像は新たな教会堂の入り口や堂内にふんだんに施されたが、しかしそれで一挙にキリスト教化が進んだわけではない。ダイモーンが悪魔として図像に表現されていても、その図像は異教の神々の《息吹き》を生々しく表出していて、見る者を魅惑し、翻弄した。三一三年の「キリスト教の勝利」後でも古代ローマ末期のキリスト教勢力が「故意の曖昧さ」を余儀なくされたように、一〇世紀半ばから一二世紀半ば頃まで隆盛するロマネスク文化においても、西欧のキリスト教勢力は曖昧さを強いられる。しかも今回は、都市ではなく農村部や自然豊かな僻地が舞台であっただけに、異教の霊は生命力を得ていて、キリスト教はより根源的な妥協を強いられた。

一八世紀から一九世紀にかけて活躍した西欧の好古家は、中世の「忌まわしき霊」の表出に好奇心を刺激されて、遺構の調査に向かった。好奇心への蔑視は、アウグスティヌス以来、近代古典主義美学まで続くのだが、それにもかかわらず次のように語るウィリアム・ガンの言葉は、否定され隠蔽され忘却されてきたものに憑かれた人の気概を感じさせる。

我々は、好奇心をおおいに刺激されて、このような逸脱について、正統な建築からこの逸脱の起源〔ロマネスクのこと〕へと調べ、さらにそのあとの変化〔ゴシックのこと〕をも明らかにしていく。別の機会にはなるが、気まぐれな想像力が正統の真実から逸れる様子を、過誤の複雑な事態すべてにわたってしっかり追求してみたい。

(ガン『ゴシック建築の起源と影響への考察』)

われわれもまた好奇心にうながされて中世への旅を続行してみよう。

第2章　新たなネットワークへ

1　神の遍在と星団の散在

†新たな見方

ピーター・ブラウンは、古代末期から中世初期の西欧の変化について新たな見方を示した歴史家である。その見方は中世中期のロマネスク文化の誕生を知るうえで重要なヒントになる。

従来の見方では、古代地中海の都市文明が、古代末期においても依然、文化の発信力を持ち、後進地域の西欧の北部に息吹きを送り込み続けていたとされていた。ブラウンは巧みな比喩を用いてこれを批判する。

かつては西ヨーロッパへのローマ文化の「伝播」について、セントラル・ヒーティングの熱源との類比で語ることが可能でした。すなわち、地中海のローマ文化という大きな釜が、「古典後期」の暖気を「未開」の北部に強く吹き込んでいた、という具合に。しかし、実際はそうではなかったでしょう。四〇〇年以降、都市化された地中海にしっかりと据えつけられて、南の暖気を予測可能な突風のかたちで北ヨーロッパの「周縁部」に吹き込む大釜など、存在しなかったのです。

（ピーター・ブラウン「《中心と周縁》再考」『古代から中世へ』後藤篤子編訳）

古代ローマ帝国の西側、つまり西ヨーロッパの政治と文化の中心はなんと言っても帝都ローマだった。しかし紀元四〇〇年を超えると、度重なるゲルマン民族の侵攻や無能な皇帝のせいで国力は低下し四七六年には西ローマ帝国自体が滅亡。そののちにはもはや文化の「中心」をローマ、「周縁」をローマから遠い地域、たとえば北フランス、イングランド、アイルランドとみなす視点はもはや通用しなくなるというのがブラウンの見方である。彼は、再び巧みな比喩を用いて、新たな見方をこう語る。

ですから私は、中世初期の文化伝達について、別のモデルを提唱したいのです。私たちは中世初期の西ヨーロッパを、「高次」文化の少数の明白な中心から、遠い北西の「周縁」に向かって外に広がっていくクモの巣、という観点からみるモデルを捨てるべきだと思います。私たちが扱っているのはそのようなクモの巣ではなくて、拡散した単一の銀河系内に存在する数々の星団の連合体なのです。そして、それらの星団の一つ一つが、自らを天と結びつけ、したがって遍在する天を介して、普遍的キリスト教世界における遠方の「中心」すべてと結びつけるのに十分な文化財を、各自なりの方法で集めることができたと、たいそうかたく信じていたのです。

（ブラウン、前掲書）

ブラウンは単に「中心」の没落と「周縁」の上昇を言いたいのではない。中心そのものは「クモの巣」から「銀河系」に移っても存在する。古代ローマの首都の威光は中世になっても絶大だった。たとえ中世になってローマ教皇の地位がローマ近在の貴族たちの争奪の的といった程度に堕しても、西欧キリスト教世界全体におけるローマの存在意義は際立っていたし、ペトロやパウロの墓をめざしてローマを訪れる巡礼者は数を増しつつあった。

†「クモの巣」と「銀河系」

ブラウンの言う「クモの巣」の比喩について少し補足しておくと、もともと古代ローマは、

「すべての道はローマに通じる」と言われるように（この言葉は中世フランスの神学者アラン・ド・リールによるらしい）、属州を獲得するごとに同質の都市を築いてはこれを首都ローマにつなげていくことで広がっていった。都市と都市を直線的なローマ街道で縦横に結び、最終的には帝都ローマへ達するようにネットワークを構築していったのだ。後発のキリスト教は、すでにできあがっていたこの「クモの巣」状の道路連絡網に乗って、各都市へ伸長していった。

「銀河系」の比喩についても若干補足しておこう。ブラウンの言いたいのは、中世初期になると、ローマを中心にして広がる銀河系のなかに様々な星団が生まれ、それぞれ星団において神を志向するようになったということである。もともと神はローマの天上にだけ存在しているわけではなく、周縁の地の天上にも存在しているのである。神の遍在とはそういうことだ。しかしローマは、地上から天上をめざすその具体的な道筋の構築において先んじていた。つまり教会堂の建設という点で、周縁をはるかにリードしていたのである。とくにイエスの弟子ペトロ（ピエトロ）を祀る記念堂の建設がコンスタンティヌス大帝によって開始されたことが大きい。

ペトロはイエスから「天国の鍵」を託された弟子であり（「マタイ福音書」一六―一九）、教会堂は地上におけるその鍵とみなされていた。ペトロに捧げられた教会堂に詣でて堂内に入れば、天国への道につけることになるというわけだ。

▲図 2-8　4世紀のサン・ピエトロ大聖堂の内部を描いたフレスコ画
▼図 2-9　中世初期に拡大したサン・ピエトロ大聖堂

先に述べたように、このペトロの記念堂は古代ローマ帝国の四世紀半ばには五廊式バシリカの大建築物になっていたらしい【図2−8】。そして中世に入るとさらに増改築が進められた【図2−9】。中世初期の周縁はこれを手本に自分の町や村に教会堂を作り、天国への門に仕立てあげようとした。

先走っていうと、この中世初期の段階では周縁は中央の模倣に徹していた。しかし時代が進むにつれ、地方の独自性に目覚めるようになるのである。ローマへの尊敬の念は変わらない。しかし周縁独自の建築に対する意識が芽生えてくるのである。この地方の自己意識の芽生えとともにロマネスクの教会堂が生まれてくるのだ。ローマ的でありながらローマ的でないという建物ができていくのである。

†イングランドのローマ

ブラウンは中世初期の周縁の例としてイングランド北部、ノーサンブリア地方のヘクサム（Hexham）を挙げている。ヘクサムのセント・アンドリュー修道院付属教会堂とヴァチカンのサン・ピエトロ大聖堂との相似性を強調するのだ。

六八〇年に司教ウィルフリッドがヘクサムの自分の教会につくった螺旋《らせん》階段と回廊は、ローマ市の聖ペテロ聖堂をじかに参照してつくられたのですが、それらは遠くノーサンブリアの地にまで認められる「ローマの影響」の微《かす》かな現れというよりは、はるかに大きな意味をもつものでした。なぜなら、ヘクサムを訪れる巡礼者にとってウィルフリッドの新しい教会は、ハドリアヌスの長城から数マイルという、かつてのローマ帝国辺境地帯のはずれにもたらされたローマにほかならなかったからです。司教ウィルフリッドは、イングランド北部に「自分のローマ」を打ち建てるべく定期的にローマに旅した、華々しい「距離のスペシャリスト」でした。ローマとヘクサムのあいだの距離は取り払われました。ウィルフリッドの建築物にローマが反響しているおかげで、天はローマにとってと同じくらいヘクサムにも近いものとなった、と信じられていました。

（ブラウン、前掲書）

ヘクサムは、首都ローマから遠く離れた辺境の地であり、ローマ時代の都市でもなかった。この「周縁」が、ブラウンに言わせれば、中世に入ると、もはや中央の巨大な輝きから遠い「微かな現れ」ではなくなり、それ自体で輝く一つの星団を形成していった。ローマ・カトリック教会の銀河系の遠隔地にありながらも、独立性を得て輝いていたというのだ。じっさいヘクサムは、ウィルフリッドの影響下にあったウェアマス、リッポンなどの町の、使徒ペトロに捧げられた教会堂や修道院とともに星団をなし、付近から巡礼者を集めていた【図2-10】。

ヘクサムの輝きのもとに巡礼者が集まってきたのはなんといっても、そこに天上の神への道が切り開かれたからである。すなわちローマのサン・ピエトロ大聖堂を模した教会堂が建てられたことで「天はローマにとってと同じくらいヘクサムにも近いものとなった」のである。

その創建者ウィルフリッド（六三三―七〇九／七一〇）は、イングランド北部ノーサンブリアに生まれ、ローマへの旅と滞在を繰り返しながら、故郷で司教および修道院長として活躍した。最初のローマ滞在（六五三―六五八と推定される）のさいに修道生活から教会建築まで本場の「流儀」を身につけた。ローマからの帰路、彼はイタリアおよびガリアでローマ建築に精通した石工を雇い、同行させたという。そうして地元ノーサンブリアのヘクサムに戻って彼が建てた教会堂は、まさに彼のローマ崇拝主義と経験の表れであり、「ローマとみまがうほど」と称賛されたという。

この教会堂はその後九世紀に北方ヴァイキングのデーン人の襲撃にあって、クリプト（地下聖堂）以外ほとんど破壊されてしまった。ブラウンはサン・ピエトロ大聖堂との類似点として回廊と螺旋階段を挙げているが、このクリプトもまたサン・ピエトロの模倣らしい。このようにローマの建築と似ていたがゆえに、ヘクサムの教会堂は一八―一九世紀のイギリスの好古家たちからはイングランドにおける《ローマの作品》（opus Romanum）の代表例と呼ばれるようにもなる。ロンドン好古家協会の重鎮によれば、「この島（イングランドのこと）の最初期に聖人や司教が建てた教会堂に関して、彼らの教会堂が「ローマの作品」であったことは、何度も繰り返し語られてきたことだ。とくに聖ウィルフリッドについてはそうで、じっさいこの聖人はローマで建築を学び、このモデルにしたがってヘクサムに教会を建てたのである」（ジョン・パウナル「ゴシック建築の起源と進化、およびゴシック建築設立者の正規組織と想定されるフリーメイソン協会について」一七八九年）。

図 2-10　イギリス、ヘクサム周辺地図

†ローマの石を再利用する

ウィルフリッドがヘクサムの教会堂を《ローマの作品》に仕立てあげようとしたのは、螺旋階段、回廊、クリプトといった教会建築の部分だけではない。素材もまたローマからの借用だった。古代ローマ時代の遺跡から石材を持ち出してそのまま活用したのである。いわゆる「再利用」(スポリア)である。この「再利用」は今や西洋中世史学だけでなく、現代思想にまでおよぶ流行りのテーマだが、この場合、古代ローマ時代にすでに切り石として使用されていた石材をそのまま用いることには、古代ローマとのつながりを示すという重要な意味がこめられていた。もちろん出来合いの石材を利用して便宜をはかるという実利的な面もあったが、それ以上にローマとの同一化がウィルフリッドの念頭にはあったと思われる。彼がハドリアヌスの長城(スコットランドからの異民族侵入を防ぐためにローマ皇帝ハドリアヌス〔在位一一七―一三八〕によって二世紀に作られた長さ一一八九キロほどの国境壁)や近隣のローマ都市コルストピトゥム(現在のコールブリッジ)の遺跡から切り石を運ばせたのは、ローマとの同一化を意識してのことと思われる。

†あえて地元の石材で

しかし時代が進み、地方が独自性を主張するようになると地元の石材が意識的に用いられるようになる。ロマネスク時代の到来である。

その例を一つ挙げておこう。

フランス北部のロワール河のほとりに堂々と立つサン・ブノワ・シュル・ロワール大修道院【図2－11】。ローマ時代の都市とは関係のない僻地にあって、中世初期から輝きを発していた。一一世紀に再建された教会堂はフランス・ロマネスクの名刹《めいさつ》と謳われる。とくに玄関廊が独自の構えであり、またそこを飾る柱頭彫刻の出来ばえも高く評価されている。そして聖歌隊の歌唱の美しさは今も来訪者を魅了する。

図2-11　サン・ブノワ・シュル・ロワール教会堂、玄関廊、11世紀

注目したいのはロマネスク時代の再建の方針だ。

この大修道院は、西暦一〇〇〇年前後にはその蔵書と写本制作で文化の一大拠点になっており、この地域だけでなく、西欧世界のすみずみにまでその名は伝わっていた。一〇二六年に火災にあっても修道院長ゴズラン（在位一〇〇四―三〇）は意気《いき》軒昂《けんこう》で、再建に熱意を燃やした。

ゴズランは、八世紀末から九世紀にかけてのカロリング・

ルネサンスとともに聖職者のあいだに根づいた古代ローマ崇拝の念に強く駆られていた。しかしその彼でさえ、玄関廊の上に鐘塔を建てるに際してはガリアのオリジナリティを強く意識し、それを打ち出そうとした。「ガリア全体の手本になるように」と檄《げき》を飛ばしたのである。そして石材を古代ローマの遺構から再利用するのではなく、あえてガリア中央のニベルネ地方の石切り場から切り出させ、船で輸送するように指示したのだ。地方の自己意識と見てよいだろう。

†物質そのものへ

ただしロマネスクは、ローマか地方か、中心か周縁かの識別のさらに先へも行く。これらの識別に強くこだわらずに、上方を、さらに下方をめざした。

上を見れば神の遍在である。どの地方、どの辺境においても、天上の神への道筋を開くことができる。ロマネスク教会堂はその試みである。

下を見れば、物質が遍在する。土、岩、水、植物、肉等々。物質それ自体は、西欧の地上のどこにでも存在する。たしかにそれぞれの地の風土によって土の色や岩の硬さ、水の味も変わる。植生も違うし、動物や人体も異なる。だがこういった地方の特色を表に見せながら、より根底的な、物質そのものの迫力を感じさせるのがロマネスクなのだ。石それ自体の質感がアピールされるのである。第1部ですでに紹介したが、サン・パオロ・フォーリ・レ・ムーラ教会堂の回廊でねじれ柱をコスマティ風に装飾したロマネスク時代の職人たちは、石材の出自など気にせず、古代ローマの遺跡の石材を粉々に砕いて、石の色彩的な魅力それ自体を引き立たせていた。

もう一つ例を挙げよう。フランス西部、シャラント地方の中心都市サントのはずれに建つサン・テュトロップ教会堂のクリプトである【口絵2】。ロマネスク屈指と言われる地下聖堂だ。サントは、ローマ人がガリア占領後すぐに交通の要衝として重視し都市化を進めたところである。円形闘技場があり、アーチ門【図2-12】が今でも残る。首都とそっくりの都市を周縁においても作るという古代ローマの「クモの巣」型ネットワークの産物なのだ。その中央を流れるシャラント川沿いには現在、石碑博物館が建っていて、小規模ながら、古代ローマ時代のサントの公共建築物や私邸の柱、エンタブレチュア（水平梁部）、彫像を見ることができる。コリント式石柱の頭部には「線の美学」によってアカンサスの葉がきめ細かく、かつ規則正しく彫り込まれ、エンタブレチュアの牛の像も角や鼻からそれと認識できる【図2-13】。

これらみごとな古代文化の所産を目に焼き付けてから、川を渡り、対岸の街はずれの丘に立つサン・テュトロップ教会堂の地下聖堂に入ると、あまりの表現の差に驚かされる。そこはもう一一世紀の「物質の美学」の世界、中世ロマネスクの銀河系の怪しげな光輝に包まれているのだ。中央には三世紀あるいは四世紀のサントの初代司教、聖人テュトロップの石棺を囲んで

▲図2-12　サント、ゲルマニクスのアーチ門、紀元1世紀
◀図2-13（2点）　サントの石碑博物館の古代ローマ彫刻

コリント式石柱が二重に立ち並び、劇場の舞台のようなのだが（図序－8、二二頁）、柱頭のアカンサスの葉はもはやそれとは認識できず、葉の厚み、その褶曲が石の量塊感とともに異様に強調されている【図2－14】。そうかと思えば、極めて写実的な人面が二つ、不気味な表情でヌーと突出している。そのあいだにはケルトの人頭彫刻の名残りと思しき像が、まったく非写実的な面差しのまま嵌め込まれている【図2－15】。これらの人面はだれそれの顔という識別を超えて、顔それ自体、目、鼻、口もとそれ自体の生命感を強くアピールしている。

▲図2-14　サン・テュトロップ教会堂のクリプト、アカンサスの柱頭彫刻、11世紀
▼図2-15　サン・テュトロップ教会堂のクリプト、人面の柱頭彫刻、11世紀

†さまざまな変化のはてに

西欧の各地方がこのように輝くようになるまでには時間がかかった。そのあいだに根本的な変化がいくつも生じて、一〇世紀半ばからロマネスク世界が開花するのである。

その変化とは、異民族の侵略と都市の没落、そしてこの侵略の終息、西欧全体の気候の温暖化、それに伴う農業の活性化、これを先導した修道院勢力の拡大、さらには異教の多神教信仰を吸収する聖人信仰の隆盛と巡礼者の増加などであるが、次節では言語の変化に注目してみたい。

古代ローマの「クモの巣」型ネットワークの共通語であったラテン語は西ローマ帝国内のキリスト教の共通語でもあったが、このラテン語が中世になると「銀河系」の上に散在する星団に伝播して、それぞれの地の民衆の地方言語と共存していくのである。中世初期には教会のラテン語と民衆の言語は離反していたのだが、ロマネスクのキリスト教は言語のうえでも各地域の民衆と結びついて新たな軌跡を残していく。

2　言語の新たな展開

†騒がしい民衆

中世初期のミサの現場へ入っていこう。

場所は南フランスの司教座都市アルル。古代ローマ時代には「クモの巣」型ネットワークの拠点の一つとして栄えた都市だ。現在でもローヌ川沿いに円形闘技場の遺跡がそびえ、考古学博物館に行けばローマ時代のみごとな石棺が陳列されている。

中世初期ならばなおのこと、それら古代ローマの文化遺産は生々しい迫力を放っていたことだろう。だが言語となると、すでに古代ローマの共通語であったラテン語は通じなくなっていた。口語ラテン語がどんどん地方分化をとげてロマン語へ変貌し、もはやミサで用いられる教会のラテン語からかけ離れてしまっていた。民衆はラテン語を解せなくなり、ミサに来ても退屈でしょうがない。

六世紀、アルル司教のカエサリウス（在位五〇二―五四〇）はそうした事態に困り果てていた。彼は南仏の民衆のなかに入って熱心に布教活動を行なっていた。民衆の言葉でイエスやパウロの教えを説いていたのだ。しかし教会のミサでは民衆の言葉は使えなかった。多くの民衆を、苦労してやっとのことアルルの大聖堂に誘い込みミサに参列させたというのに、大半の参列者は、何が語られているのか分からず、途中で帰ったり、ざわざわ自分たちの言葉で下品な話に打ち興じてしまうのだ。堂内はさわがしく、まさに救いようのない状態に陥っていた。彼の『説教集』にはこの窮状への嘆きと怒りが綴られている。

親愛なる兄弟たちよ、私は、あなたがたに父親の好意から次のように求め、また忠告する。日曜日や祭日にミサが行なわれるときには、どうかいつも聖体拝領が終わるまで教会にいてほしい。信仰と信心で我々を喜ばす人々は多いのだが、しかしそれよりもっと多くの人が、魂の救済を気にかけず、聖なる読唱が終わるやいなや、そそくさと教会をあとにする。あるいは、読唱のさなかに卑俗な世間話にふけっている者たちがいる。この徒輩は読唱を聞いていないし、また他の人々がこれを聞くのを妨げている。こういう連中は教会に来ないほうがいい。来れば、我々から非難されるのがおちだからだ。じっさい彼らは、教会のなかでおとなしく話に聞き入っておれば罪の赦しに値したかもしれないというのに、まったく逆にいっそう神に背くという罪深さをまざまざと明かしているのだ。

（アルルのカエサリウス『説教集』第73説教の1）

教会でのミサはラテン語で行なわれていた。その前半が「御言葉の祭儀」、後半が「聖体拝領」である。ここで「読唱」と言われているのは前半の祭儀のことで、旧約聖書と新約聖書の一節の朗読、そして祭司による聖書解説からなる（この聖書解説は「説教」（オメーリア）と呼ばれるが、カエサリウスの「説教」（セルモ）つまり民衆に向けての説諭、教示とは異なる）。この朗読はしばしば抑揚を伴って音楽の旋律のように歌われたので、意味が分からずとも聞いている参列者はいた。しかし司教のラテン語はむろんのこと、そんな抹香臭《まっこうくさ》い旋律などまっぴらごめんだという俗衆は、卑猥な冗談など連発しながらゲラゲラ笑って、謹厳なミサの雰囲気をぶち壊していたのである。

すでに六世紀の司教座都市でこの有様だったのだから、そうでない辺境の町や村の教会堂では、民衆とミサとの隔たりはいっそう深刻だったと思われる。ミサの言葉を民衆の言葉に変える必要が生じていた。

†カール大帝の対策

時が経つにつれ、ラテン語の分からない民衆は増え続け、言葉のうえでの民衆とミサの隔たりは西欧キリスト教世界全体の問題になっていった。となると、この事態に有効な対策を講じる必要が出てくるわけだが、それには、まずこの広域を支配する統一政権が存在していなければならない。これが果たされるのはやっとカロリング朝フランク王国のカール大帝（国王在位七六八—八一四、西ローマ皇帝在位八〇〇—八一四）の治世になってからだった。しかもカール大帝がミサにおける民衆の言語の問題に改革のメスを入れるのはその治世の末期になってからのことだった。八一三年のトゥールの公会議で「御言葉の祭儀」の聖書解説に限ってフランク王国内の民衆の言葉（ロマン語とゲルマン語）で行なうことが認められたのである。

カール大帝以後、フランク王国は弱体化し分裂していく。九八七年にカロリング朝が途絶えたときにはもうすでに西欧は事実上、群雄割拠の状態にあり、そのままロマネスクの時代へ入っていたのである。だがそれでも八一三年のトゥールの公会議の決定の意義は大きく、言語のうえで民衆とミサのつながりは、聖書解説というわずかな場面ではあったが、保たれた。

カール大帝の言語政策では、キリスト教聖職者へのラテン語教育の徹底のほうが先んじられた。ラテン語のできない聖職者が増えていたのである。これは西欧キリスト教世界の基盤に関わる重要な問題だった。大帝は、八世紀後半、その治世の開始とともにラテン語のできる人材の育成に取りかかった。

†キリスト教とラテン語

ここでキリスト教とラテン語の関係を整理しておこう。

紀元一世紀の後半、キリスト教が東地中海世界で一つの独立した宗教になったときには、この地域はそれ以前のヘレニズム文明の影響で、「コイネー」と呼ばれるギリシア語が共通語になっていた。キリスト教はまずこのギリシア語を話す人々のあいだで広まった。新約聖書がコイネーで書かれたのはそのせいである。

やがて四世紀になってキリスト教が古代ローマの宗教として公認されたとき（三一三年）には、ラテン語を話す人々のあいだで信徒が増えていた。とくに西地中海世界ではコイネーを理解する人が少なく、その分、ラテン語が都市中心に浸透していたのだ。そして公認からさらに国教化（三九二年）されていくにしたがい、ラテン語で典礼を行なったり、聖書をラテン語で読み上げたりする必要性も増してくる。こうした背景のなか、ヒエロニムス（三四七―四二〇）は四世紀末から五世紀初めにかけて新約聖書と旧約聖書をラテン語に翻訳した。「ウルガータ聖書」と呼ばれる翻訳聖書だ。

「ウルガータ」とは「民衆の」という意味であり、その翻訳ラテン語は、平易で読みやすいラテン語だった。文語の古典ラテン語を読める人は、教養ある読者に限られていたが、ウルガータ聖書はもっと多くの読者に開かれていた。そもそもキリスト教は「カトリック」すなわち「普遍的であること」を意識しており、この考え方は、西ローマ帝国から西欧中世へとキリスト教が存続していく過程でも維持された。つまり西欧世界のどこにおいても、いつの時代においても、キリスト教は同じだという考えである。同様に「ウルガータ聖書」などのキリスト教文献のラテン語、そして典礼で用いられるラテン語も（これらを合わせて「教会ラテン語」と呼んでおく）、口語ラテン語のように大きく地方分化しない普遍的な言葉として存続した。

五世紀後半の西欧は、ゲルマン民族の侵入、西ローマ帝国滅亡といった激動の時代だったが、そのなかで生き残ることのできたローマ都市は、キリスト教の司教のいる都市、すなわち司教座都市だけだった。司教は都市防衛など実務の面でも有能だったのだ。しかし八世紀から、さらなる異民族の侵略が続くと（南からはイスラム勢力、東からはマジャール人、北からはヴァイキング）、司教座都市も衰退していく。ローマ都市にあったラテン語学校も消滅していき、古典ラテン語はわずかに西欧の一部のキリスト教文化地域（アイルランド、北部イングランド、北東部スペイン、北部イタリアなど）に残るばかりになった。「教会ラテン語」の衰運も同様である。「ウルガータ聖書」の読めない聖職者が多く出てきたのだ。

カール大帝はこうした事態を憂慮して、これらの文化地域から学者（たとえば北部イングランドからアルクイン、北部イタリアからパウリヌス）を首都アーヘンに呼んで宮廷学校を設立し、古代ローマのラテン語文化の復興をはかった。その一方で各地の修道院と教会に付属学校を創設させて、古典ラテン語に立ち返っての「教会ラテン語」の復興をもくろんだ。いわゆるカロリング・ルネサンスである。

広大な国内には相変わらず異民族の侵略と略奪が続いていて、都市の再生も地方の活性化もままならなかったが、それでも地方の修道院が新たなラテン語文化の拠点になっていった。「クモの巣」型ネットワークから「銀河系」型ネットワークへラテン語が移行する契機がここでも生まれていたのだ。先ほど紹介したサン・ブノワ・シュル・ロワール大修道院はその代表例と言ってよい。北東部スペインの西ゴート文化圏出身のテオドゥルフ（七五五頃―八二〇）は七八〇年にアーヘンの宮廷学校に招聘《しょうへい》されたあと、ロワール河のほとりのこの大修道院で院長を務め（在位七九八―八一八）、古典ラテン語の教育に専心したのである。

†神秘ラテン語

さて、このようにしてラテン語のできる修道士が増えてくると、修道院内では、ラテン語によって日常的な会話が交わされるようになる。典礼と聖書の言葉だった教会ラテン語が修道士の日常的な会話の言葉、つまり口語になっていくのだ。そうなると、教会ラテン語に新たな変化が生じてくる。

現代の日本語でもそうだが、口語は語り手の感情をじかに反映しやすい。身体を揺るがす驚きや喜びが言葉にのりやすい。そうなったとき、文語と同じだった言葉がくずれたり、短縮されたりして、形態の変化が生じ、また意味も微妙に変わってくる。「まじめな」が「マジ」に短縮され、「本当の」といった意味を新たに持つようになるのと同じように。

修道士のなかには、口語の教会ラテン語を用いて自分の感情を詩に表す者が現れた。中世初期からそうした詩人修道士はいたが、カロリング・ルネサンスによって教会ラテン語が復興しだすと、その数も増した。彼らの書き残した詩はその後ほとんど顧みられなかったが、一九世紀の末になってフランスの文学者レミ・ドゥ・グールモン（一八五八―一九一五）がこれをパリ国立図書館などから発掘し『神秘ラテン語』（一八九二）と題する本にまとめて世に紹介した。

近代になってもフランスでは、古代ローマの共和政末期から帝政初期にかけての文語ラテン語いわゆる古典ラテン語を手本と仰ぐ人が多かった。とくに大学や高校の教育者、そして人文系の研究者には多かった。グールモンの試みはその意味で果敢な文献紹介だったと言える。

ちなみに彼は顔面に狼瘡《ろうそう》（結核菌による進行性の皮膚疾患で、狼に食いちぎられたような病痕になるためこう呼ばれた）を病み、室内で詩や小説の創作に専心し、夜になると仮面を被ってパリの街に出て行ったという。その文学的立場は当時の象徴主義だが、この場合の象徴とは、「鳩」という象徴が「平和」を指し示すといったふうに指示内容が明確に定まっている象徴ではなく、不確かで限定できない生の蠢《うごめ》きを伝える象徴だった。彼にとって詩や図像などの表現物は、何を象徴しているのか明示できない象徴だったのだ。ちょうど彼の被る仮面がその下の解体しつつある顔の形状を指し示しえないのと同じように。

ともかくグールモンは、口語によって詩に表現された教会ラテン語を「神秘ラテン語」と呼んだのだが、その神秘ラテン語はこの書の序文にはこんなふうな言葉で紹介されている。


これは、新たな諸感情のために作られた、独立的にして特徴のはっきりした言語であり、いかなる古典文法、いかなる規範にも依存せず、ヘブライ語法（「対面で話す」ことを「四つの目で話す」というような暗示的表現）を浸透させ、民衆の言い回しやイメージを豊富に持ち、堅固にして野蛮、だがその堅固さにおいて偉大であり、野蛮さのなかに神的優美さを漂わす言語なのである。この言語は、その配合の割合の知られていないみごとな合金、あのコリントスの金属（黄金、銀、銅を合成させた一種の青銅）のように形成されたのだが、それは古い世界が大火災にあって溶けていったときのことだった。

（レミ・ドゥ・グールモン『神秘ラテン語』に引用されたピエール＝アントワーヌ・グルニエ『ナジアンゾスの聖グレゴリウスの生涯と詩』〔一八五八〕の一文）

この冒頭にある「新たな諸感情」がまず重要である。古代ローマ古典期の詩人によって謳われていた感情とは違うということだ。ウェルギリウス（紀元前七〇―前一九）やホラティウス（紀元前六五―前八）などの詩人が綴った高潔で優雅な抒情とは異なる感情にキリスト教聖職者が見舞われるようになったということである。プルデンティウス（三四八―四一〇頃）はその皮切りの古代末期のキリスト教ラテン詩人であり、『罪の源』『魂の戦い』はグールモンもこの本で重視している。じっさいそこでは罪の根源的な感情や矛盾した欲求（たとえば男色と羞恥心、肉欲と禁欲）が謳われている。グールモンが「神秘ラテン語」の「神秘」で言いたかったのはこのような不可解な感情の渦である。善の感情と悪の感情の葛藤、隣接、共存である。

中世に入ると、アウグスティヌスの「小さな罪」の発想が影響してきて、聖職者の心のなかにはほんの少しのことでも苦悩が生じるようになる。心のなかで逸脱したことを思っただけで罪の意識が芽生えてしまうのだ。とくに修道士は罪の浄めのために修行と祈りに日々専念し、罪の発生には敏感だった。そしてその感情の渦を口語の教会ラテン語で綴っていった。こうして教会ラテン語が修道士の感情の侵入を受けて乱れてくるのだ。

ロマネスク時代になると、この教会ラテン語の乱れは、修道士個人の詩の次元だけでなく、ミサの場面でも生じてくる。ミサという、いわば公的な場面で語られる教会ラテン語が感情に開かれて変化してくるのである。

一〇世紀と一一世紀、これらの世紀は、司教、修道院長、修道士によって続唱〔特定の祝日のミサのなかで福音書を朗読する前に歌われる聖句〕、頭韻法〔同一の子音を繰り返して音楽的、擬音的効果を生み出す表現法〕、行中韻〔一つの詩行の中途の語と末尾の語によって踏む韻〕が生み出された時代だった。それはゴデスカルク〔一一世紀の修道士〕や無名の続唱家たちによって始められた新しい言語であり、単純な表現が野蛮な音楽家によって複雑にされているのである。それでいて言葉への無秩序な愛がこの言語をときたままったく予期しない奇跡的で調和的な表現へ導いていているのだ。

この時代のこうした詩人たち、彼らすべてに対して近代ではいつも変わらぬ教授然とした非難が浴びせられている。復習教師の、あるいはアカデミー会員の口調で人は、彼らのラテン語の不正確さをこき下ろすのだ。彼らの語彙と文法が、アウグストゥスの時代、つまりこのローマ皇帝の支配の以前とさなかと以後の時代、紀元〇世紀と一世紀の時代の慣習の言語と統辞の規則に不従順であるとして非難するのである。

（レミ・ド・グールモン『神秘ラテン語』）

この引用からうかがえるのは、修道院長や司教といった高位聖職者までもが古典ラテン語の規範から逸脱する詩を書いていたということだ。彼らをそうさせたのは心に巣食う激しい感情であり、常軌を逸した欲望だった。その感情の例としてグールモンは、男女の肉体を引き離そうとする第二代クリュニー院長オド（在位九二六—九四二）の異常なほどの性批判、肉体蔑視の感情を挙げる。他方で、北フランス、ル・マンの司教だったラヴァルダンのヒルデベルトゥス（在位一〇九七—一一二五）のあくなき合体への欲望も紹介されている。魚と少女、鳥と男、ワシと狼の合成への欲望だ。この司教には第3部で改めて登場してもらおう。

性の批判も、合体の欲望も、ロマネスク教会堂の柱頭によく彫り込まれている。修道院長や司教がそうした感情の表現に熱を上げていたのだから、これも当然かもしれない。むしろここで注目したいのは、感情という目に見えないものへの感性をロマネスク時代の人々が豊かに持っていたこと、そしてこれを詩文や図像などにあえて表現して、目に見えるようにしていたことである。

目に見えないものへの感性、そしてこれを目に見えるものへ変えて出現させたいという欲求。ロマネスク文化の根底にある心性として重要である。

†目に見えないものへの信仰

目に見えずとも存在するものはこの世にたくさんある。人間や動植物がはらむ生命力がそうであるし、自然界の生命の現われと言える温度、湿度、風も肉眼では直接捉えられない。人間の感情もそうだ。愛情や憎悪はそれ自体としては見ることができない。人間に対する神の愛憎も肉眼では見えない。だがキリスト教においては神の愛憎は人間のそれと同列には置かれていない。

フォイエルバッハ（一八〇四―七二）以降の近代西欧哲学では、神は、もともといたのではなく、人間の心理が投影されて存在するようになったと説かれている。だから、神の愛憎が目に見えないのは、人間の愛憎が見えないのと同じなのだとされるが、しかしキリスト教世界では、神の存するのは精神的次元であって、これは人間の感覚で捉えられる世界より上の、知性でのみ捉えられる次元であるとされる。神は精神的次元に存するからその感情も人間の目には見えない。パウロが霊（精神）と肉（欲望）の二元論に立っていたことを想起しよう。キリスト教はユダヤ教と同じく天上の神を信仰の対象にするが、そこに古代ギリシア哲学の影響が入ってきて、強固な二元論が形成された。イデア（可知界＝知性でのみ捉えられる世界）と現象界（可感界＝人間の五感で捉えることのできる世界）を区別し、前者の優越を説くプラトン以来のギリシア文明圏の観念論の影響である。

西欧中世のキリスト教は古代キリスト教からこのように霊と肉を区別し、優劣をつける見方を継承した。しかし同時にまた鷹揚に両者を肯定したり、近づけたりもした。目に見えないものの精神性を肯定しつつ、同時に動植物の生命力や人間の感情など、この世の不可視なものへの信仰を異教の自然崇拝から継承し、存続させた。表向きキリスト教の善悪観の枠組みを踏まえているが、この二つの信仰を根底でつなげようと欲していたのがロマネスクなのだ。その例を一つ挙げておく。

†荘厳の聖母子

フランスの中部、オヴェルニュ地方のモザックのサン＝ピエール・エ・サン＝カプレ大修道院を訪れてみよう。現在ではその付属の教会堂と回廊が残るばかりだが、教会堂の南扉口から回廊に出たすぐ左の壁面上部の楣《まぐさ》に《荘厳の聖母子像》が大きく彫り込まれている【図2-16】。一二世紀作ともそれ以前の作とも言われるロマネスク時代の貴重な彫刻だ。《荘厳の

図2-16　モザックのサン＝ピエール・サン＝カプレ大修道院の《荘厳の聖母子像》、12世紀

聖母子像》とは女王のごとく厳《おごそ》かに椅子に座った聖母マリアが膝の上に幼児のイエスを置く図像のことで、オヴェルニュ地方などケルト色の濃厚な地域に作例が多い。モザックの教会堂もそのクリプトにケルト伝来の井戸が大切に保存され、今日に至っている（図序-9、二二頁）。

まず注目したいのが、中央の聖母マリアが一番大きく表現され、左右の人物（順に使徒、司教、修道院長）に行くにしたがい姿が小さくなっていることだ。これは、じっさいの人物の大きさでこうなっているのではなく、キリスト教の精神的な価値づけを反映してのことなのである。つまり目に見える外観よりも目に見えない観念的な位階秩序が優先されて、この三角形の人物配置ができているのだ。

次に注目したいのが各人物の手の大きさである。人体に比して異常に指が長く、大きい。とりわけ中央の聖母マリア、イエス、そしてその左の使徒ペトロと使徒ヨハネの手は大きい。地元の研究家によれば「中央の人物たちの指の

図2-17　モザックの大修道院の《荘厳の聖母子像》、聖母子部分図、12世紀

長さはロマネスクの図像表現における力能の印なのである」（マティウ・ペロナとジャン＝マリ・ペロナ『モザックの至宝』二〇一二年）。写実的な表現を逸脱したこの手の表現は、聖人たちの精神的な力を反映している。目に見えない精神性を目に見えるように表現した結果、巨大な手になったのだ。

　三番目に注目したいのは、このマリア像の顔面が黒いことである。マリアの顔の黒さはなぜなのか【図2－17】。「聖母の黒くなった顔は帽より確実に新しく制作された上部の壁画の神秘性を助長するかのようだ」（同書）。黒い聖母はロマネスクに特徴的な図像である。見ることのできないものへの異教信仰に端を発していると言われる。それも西欧の古層のケルト文明、そして地中海文明にまで遡ることができるらしい。地中海の古代都市文明ではない、それとは別の、漆黒の大地を愛した文明だ。

†黒い聖母

フランスにおいて黒い聖母像が集中しているのは、地中海沿岸域から中部山岳一帯にかけてである。フランス以外では、スペインやイタリアの教会堂にも作例がある。木の塑像が多く、中世ロマネスク時代にさかんに作られたらしい。母なる大地への信仰に出自があるようなのだが、源流は複数あって絡み合っている。

近年においては、中世からの長い年月のなかでただ変色して黒くなっただけだという科学的な説が出された。つまり教会堂のロウソクの煤《すす》、素材の木材の劣化、塗料の化学変化などによって黒ずんだのであって、中世の信仰とは何の関係もないという見方である。これにはさまざまな異論が提示されて（たとえば経年変化で黒くなったというのならば、顔だけ黒く、その他の部分が黒くなっていないのはなぜなのか）、今日ではむしろそれ以前に出された説に立ち返って再検討が試みられている。つまり古代地中海文明との交流、そして古代ケルトの信仰に立ち返る見方だ。ソフィー・カサーニュ＝ブルッケもその著『黒い聖母たち』（二〇〇〇年）で、西欧の作例の特異な分布に注目して、地中海文明圏からマルセイユへ、そして西欧の内陸部へという伝播のルートを次のように示唆している。

紀元前四〇〇年頃、アルウェルニ族の王国が領土を拡大させてマルセイユの支配域に隣接するまでになった。このケルト人の王たちはギリシア起源の貨幣を手本にして貨幣を鋳造《ちゅうぞう》していたし、ギリシアやオリエントの文化所産の恩恵にもあずかっていた。

では黒いタイプの像は、いつ、どのようにして導入されたのだろうか。きわめて確実なことは、ローマ人の襲来以前のケルト時代からすでにマルセイユでは、エフェソスのアルテミスが崇拝されていたことだ。あの黒い顔をした地底の女神が崇拝されていたのだ。さらにマルセイユでは、アテーナーやキュベレーなどの女神も崇敬されていた。現在のマルセイユ近郊からはイオニアの女神、あのアルテミスを浅浮彫で表した小さな石碑がいくつも発見されている。もう少し時代が下って古代ローマ帝政時代になると、エジプトの黒い女神イシスへの信仰がマルセイユに入ってきて、これら既存の女神信仰を活気づけたらしいのだ。

かくして西欧における黒い女神像は、その起源においては交易と地中海文明の影響に開かれた地域の出来事だったのであり、少なくともそうしたことから隔たった地域に起きたことではなかった。ヨーロッパとフランスの西側の奥まった地域、つまりブルターニュ地方やイングランド、スコットランド、アイルランドに黒い女神像が存在しないのは、こうした地中海起源ということに関係している。

（ソフィー・カサーニュ＝ブルッケ『黒い聖母たち』）

図2-18　ホルス神を膝に置く女神イシスの像、紀元前7世紀、エジプト（アメリカ、バルティモア、ウオルターズ美術館所蔵）

アルウェルニとはオヴェルニュの語源で、ケルトの一部族の名称である。紀元前一世紀に古代ローマによって征服される以前から、彼らの住まう中部山岳地帯にはマルセイユを経由して地中海文明の黒い女神像が入ってきていたというのだ。古代ローマ帝政期に入ると、さらにエジプトのイシス信仰が帝国全体に広まった。イシスはもともとナイル河口、デルタ地帯の豊饒の女神だが、処女でありながらホルス神を産んだとされる。聖母マリアの処女懐胎論の原点だろう。そしてホルスを膝の上に置いて椅子に座る像が中世ロマネスク時代の荘厳の聖母子像のルーツだとも言われている【図2−18】。

†黒は大地の色

ただしイシス像のすべてが黒かったわけではなく、オヴェルニュのケルト人がとくに黒い女神像に魅せられ、これに崇敬の念を抱いたと思われる。それはなぜだったのか。黒い大地への信仰が影響していたと思われる。馬杉宗夫氏は『黒い聖母と悪魔の謎』（一九九八年）のなかでケルトのドルイド教から中世キリスト教まで視野に入れて、黒の意味合いをこう指摘している。

黒は大地を象徴する色である。それは無彩色であり、無の色である。しかし大地は、暗黒の地中から、植物をはじめあらゆる生命を産み出す力を持っている。すなわち、黒は物質界の根源を象徴する色であり、産み出す力、母性を象徴するのである。〔……〕

こうしてみると、聖母が黒く塗られた理由は、もともとその土地で信仰されていたケルトの豊饒なる大地の女神の伝統と、また、奇跡の黒い石などの信仰と結びついたもののように思える。《黒い聖母》の存在する場所は、必ずと言ってよいほど、キリスト教以前のドリュイド教の伝統が強く残っている所だからである。

アルルの公会議（四五二年）、ナントの公会議（六五八年）、トレドの公会議（六八一年）、さらには、カール大帝によってアーヘンで公布された法令（七八九年）などは、繰り返し、樹木、石、泉などを崇拝することを禁じている。この事実は、ゴール〔ガリア〕の地がキリスト教化された以降も、根強くドリュイド教の信仰が残っていたことを物語っている。これら土着の民間信仰との衝突をさけるため、これらの地の聖母マリアは、土着の地母神との一致が求められ、あえて黒く塗られたのではなかろうか。キリスト教以前の地母神崇拝と、キリスト教のマリア崇拝の同化、そこに《黒い聖母》の謎が潜んでいるのである。

（馬杉宗夫『黒い聖母と悪魔の謎』）

黒い聖母の黒は大地の根源的な力を表す。黒は産み出す色であるだけでなく、「無の色」つまり生あるものをこともなげに滅ぼす恐ろしき死の力の色でもあった。目には見えない恐ろしい力が黒によって表されている。田中仁彦氏はそのような自然界の理不尽な恐ろしさを異教の女神に見てこう述べる。

豊かな恵みを与え生命を育くむ大地は、時としてこのように飢餓や天災を送って人々を絶滅させもする。大地母神のさまざまな分身の中に、狂暴な破壊と復讐の女神が少なからず存在するのはそのためであろう。〔……〕

生命の世界の支配者である大地母神は、同時にまた死の世界の支配者でもある。生命を生み出す大地はまた、死者の帰っていくところでもあるのだからだ。死後の世界の存在を信ずるケルト人たちは、大地の下に大地母神の支配する死者の国があると考えていたにちがいない。すなわち、大地母神ダナの息子たちの国である。

（田中仁彦『黒マリアの謎』）

このような深い伝統と信仰のある黒い聖母像の前で、中世のキリスト教徒はいったいどのような礼拝を行なっていたのだろうか。教会のなかでキリスト教聖職者が行なう祭儀が、どれほど自然崇拝の全幅を反映させていたのか、定かなことは解明されていない。おそらく、異教に開かれていたと言っても、死の力よりも再生復活への願いや豊饒な生産力への感謝が儀式の内容だったのではあるまいか。

奇岩が隆起して連なるスペインのモンセラートの修道院の儀式では、黒い聖母を囲んで信者たちが、豊饒を祝う古代ギリシアのオルギアのごとく、踊り狂っていたという。オヴェルニュ地方のル・ピュイ大聖堂に関してはカサーニュ＝ブルッケがこんな説を唱えている。「ともかくも、たいへん早い時代にル・ピュイの聖母マリア像は大聖堂の内部に存在していた。そこでこの像は奇妙な儀式によって真に崇拝されていた。つまり人は聖母像を年に何度もぶどう酒のなかで洗っていたのだ」（カサーニュ＝ブルッケ、前掲書）。

ディオニュソス信仰のところで語ったことだが、古くから地中海世界では、ぶどうの木・蔓・葉・果実、そしてとくに赤ワインは、大地の豊饒の象徴として尊ばれていた。その赤ワインに年に何度も聖母子像を浸けてごしごし洗うということは、大地の生命力を染み込ませて更新するということであり、たいへん熱心な自然崇拝だったと言える。そして赤ワインに浸けられると、どんな白木でも一度で赤黒くなる。これを年に何度も繰り返したとなると、黒さは深まるばかりだったろう。大地の底の色がワインを通して聖母子像に染み込んでいったということだ。

ル・ピュイでは一〇世紀に公会議が開かれ、教会堂での丸彫りの彫像の設置が許容された。丸彫りで聖母子を表現すれば立体的になって、平面の図像表現よりもずっと人間の実際の姿に近くなる。これは神を「人間化」する試みだったと言える。しかしそれに対して、聖母子像の赤ワイン洗いの儀式は「自然化」の試みだったと言える。ロマネスクはこの両極のあいだを揺れながら進んだ。

図2-19 フランス、ヌヴェールのサンテチエンヌ教会堂、11世紀、小俣雄風太撮影

†神と自然の現れに呼応して

目に見えない神が自分の精神の力を、この地上で人間の目に見えるように出現させる。それは超自然的な現象であり、奇跡と呼ばれる。他方で自然界も、目には見えないその旺盛な生命力を肉眼で見えるように発揮する。動物の勇猛な動きや植物の繁茂、そして嵐のように激しい現象がこれにあたる。異教ではこの自然現象に神々の現れを見るが、キリスト教聖職者はとかく前者の超自然的な視点を優越させて、後者の自然現象をも天上の神の現れとみなす。あるいは異教の神を悪魔とみなしたう

えで、その仕業だと否定的に意味づける。

だがそれでも中世ロマネスクの人々は、自然の生き物や現象も、そのようなキリスト教側の意味づけを希薄にしたまま、あるいは意味づけなどほとんどしないまま、図像化して教会堂や聖書写本に表現することがあった。蛇は、キリスト教ではイヴをそそのかして禁断の木の実を食べさせた邪悪な生き物だが、ロマネスク教会堂では異教を反映して柱頭の上でのびのびと楽しげな姿を見せていたりする【図2-19】。

ともかくも、人間の知性では合理的に説明できない現象に中世ロマネスク時代の人々は敏感に反応し、様々な行動に出た。図像の表現や詩の制作もそうであるし、また巡礼の旅もそうである。第3部では、人知を超えた神や自然の現れに憑かれ、自らもそれに呼応して振る舞った彼らロマネスクの人々の姿を追いかけてみたい。そうしてロマネスクの何たるかを、彼らの信仰の幅を、示してみたいのだ。

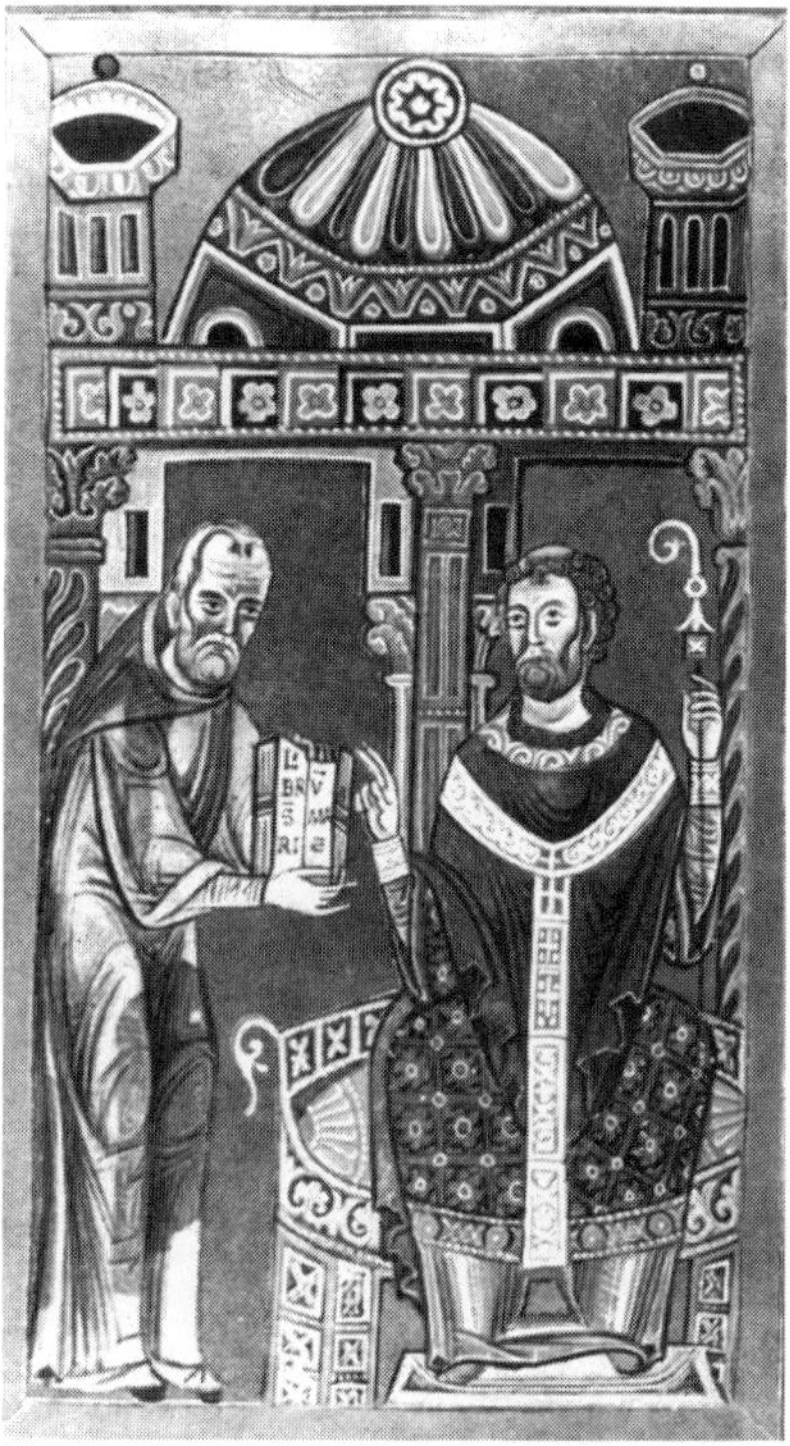

第3部

ロマネスクを生きた人々

ル・ピュイ司教ゴデスカルクス(右)に写本を手渡すスペイン、アルベルダ修道院司祭修道士ゴメサヌス(左)

第1章 出現

1 幻視

†教会堂が白い姿で現れる——ロドゥルフス・グラベル

幻視とは目の前に現れ出る不可思議な像や光景のことである。ロマネスク時代の人々はこの出現を好んでいたし、これに魅せられていた。彼らのなかには、自分の時代に起きた出来事をもこの不可思議な現れとして捉え、当時のキリスト教の考え方に沿って吉凶の意味づけをして歴史書を編む者までいた。ロドゥルフス・グラベル（九八〇頃—一〇四六頃、フランス語綴りでラウル・グラベール）である。

グラベルとは「ハゲ頭の人」の謂で、あだ名である。彼は放浪修道士と評され、じっさいフランスのブルゴーニュ地方の修道院を遍歴する生涯を送ったが、かなりの知識人であり、クリュニー大修道院で文筆にふけることも許されていた。そうして書かれたのが『歴史五書』（正式名称は『キリスト受肉後九〇〇年から一〇四四年までの歴史の五書』）である。西暦一〇〇〇年前後のロマネスク時代を伝える歴史資料として今日たいへん重視されている。

とりわけ第三書の一節は、今日のロマネスク関連の本では必ずと言ってよいほど引用される。石造りの教会堂が西暦一〇〇〇年を超えたあたりから次々建てられるようになったとする彼の言葉が、同時代人の証言として貴重だからである。

一〇〇〇年を超えて三年近くたったころ、ほとんどすべての地で、とりわけイタリアとガリアにおいて、教会堂が再建されだした。それらの教会堂はもともと満足できる状態にあり、なんら再建の必要はなかったのだが、各地のキリスト教徒の集団はこぞって、このうえなく美しい教会堂を持とうと競いあった。これはあたかも世界それじたいが、過去の古着を脱ぎ捨てて教会の白いドレスをまといだしたかのようだったのだ。様々な聖人に捧げられた大聖堂、修道院、そして村々の小さな礼拝堂まで、ほとんどすべての教会堂がより美しく再建されだしたのである。

（ロドゥルフス・グラベル『歴史五書』第三書Ⅳ－13）

真新しい教会堂がそこここに白い衣を着たように建ち始めたと伝えるロドゥルフスの筆致は、

幻視を描いているかのようだ。彼にとっては史実も、夢や幻のように不可思議に生起する事態だった。そしてその幻視のように立ち現れる出来事に彼は、キリスト教の終末論に則って、吉凶の意味を与えていた。教会堂の新たな建設は、良き時代の到来を告げる吉兆なのである。

この場合、終末論とは、新約聖書の「ヨハネ黙示録」に語られる、イエス・キリストの一千年王国の終焉のことである。この王国が終わると、それまで地下に閉じ込められていた「悪魔でもサタンでもある、年を経たあの蛇、つまり龍」が「しばらくの間、解放されるはずである」(「ヨハネ黙示録」二〇―二〜三)。この龍のおかげで天災や社会の混乱が「しばらくの間」続くというのだ。そしてそのあと「悪魔は、火と硫黄の池に投げ込まれた」(同二〇―一〇)となる。ロドゥルフスはこの悪魔による混乱が自分の時代に具現していたと見る。

それにしても、この「しばらくの間」と言われる悪魔の時代はどのくらい続くのだろうか。「ヨハネ黙示録」を読んでも、判然としない。

†「紀元千年の恐怖」

近代の歴史家は、ジュール・ミシュレ(一七九八―一八七四)を皮切りに、ロドゥルフスの『歴史五書』に注目して、いわゆる「紀元千年の恐怖」説を立てた。西暦一〇〇〇年頃の中世の人々は「ヨハネ黙示録」にある「しばらくの間」を恐怖とともに生きていたというのだ。だが今日ではこの説は打ち消されつつある。当時、西暦の発想が人々にどれほど浸透していたのか、はなはだ疑わしいというのだ。農民をはじめ多くの人々は、今が西暦何年であるなどということを知らず、知ろうともせず、春夏秋冬の反復を生きていたというのである。知識人でもあるごく一部の聖職者だけが、西暦を勘定して「ヨハネ黙示録」の記述を同時代の天変地異や社会の混乱に関係づけていたというのだ（このあたりの議論は、藤田朋久氏の論文「ラウール・グラベールと「紀元千年の恐怖」」、木村尚三郎編『学問への旅——ヨーロッパ中世』所収に詳しい）。

おそらくそのとおりなのだろう。ロドゥルフスは、イエスの死を西暦一〇三三年頃、一千年王国の終焉を一〇三三年に据えて、同時代史を捉えていた。彼の記述は厳密ではないが、ともかくも、一〇三三年以前に起きた彼の時代の凶事を、悪魔が跋扈《ばっこ》する「しばらくの間」を告げる予兆として、そしてその年以降の凶事を「しばらくの間」を直に指し示す印として、捉えていた。

そのような視点で捉えて歴史書を書いた彼の狙いは何だったのか。

聖職者という彼の立場を考えるならば、それは、キリスト教の歴史観を広めることにあったと思われる。教会側によって進められていたキリスト教化を歴史の面からサポートすることにあったのだろう。しかしその根底で、彼は幻視とその記述を楽しんでいるかのようなのだ。

†現実の出来事を何かの前触れと捉える

今日の近代社会でさえ多くの人間が、目前の自然現象や起きたばかりの事件を、未来の出来事の前触れではあるまいかと思ったりする。占いは現在でも大流行だ。

中世ではなおのことそうだった。身分の高低にかかわらず人々は、日々生命の危険にさらされていた。未来の不確定度は近代の比ではなかったのである。一寸先は本当に闇だったのだ。その闇を見通して「本当のこと」を予測するために人々は、何事であれ、起きたことからこの「本当のこと」の予兆を読み取りたいという心理に駆られていた。ロドゥルフスはその心理をキリスト教の歴史観へ差し向けたかったのだ。同時代の出来事を「ヨハネ黙示録」の終末論へつなげたかったのだ。

そもそも「ヨハネ黙示録」自体、古代ローマ帝政によるキリスト教徒迫害という現実の出来事を終末論に結びつける試みだった。不幸なこの世を終わらせて幸福な永生をキリスト教徒に与える神の計らい、この神の歴史計画の一コマとして、よき永生への前段階として、目下の不幸を理解し耐え忍べ。エーゲ海のパトモス島に隠れていたヨハネはそう信徒を励ました。現実の人物や出来事を彼の見た夢のなかの生き物や天変地異に言い換えて、たとえば迫害を進めるローマ皇帝を悪《あし》き龍に象徴化させて、さらにこの生き物や天変地異のゆくえを神の歴史計画に組み入れて、事態は神のおかげで必ず好転すると、小アジアの信徒を激励したのである。

†ロマネスク的な歴史書

ロドゥルフスの『歴史五書』には「ヨハネ黙示録」に見られるような人道的なモチーフはない。話の展開も壮大ではない。綿密な構成もストーリー性もない。彼は、第四書まで書いてこの本を完成させる予定だったのだが、第五書を書き出して、中途で終わりにしてしまった。じつにしまりのない執筆姿勢である。

彼の歴史書から覚える印象は、巨大で合理的なローマ建築を見た後に、ロマネスク教会堂の前に立ったときの印象に似ている。小規模で、恣意的に加算されてしまった建築構成、そこにほどこされたキリスト教的にして、そうとは言い切れない曖昧な装飾……。

だがまさにそこにこそ彼の書物の魅力がある。ロドゥルフスの『歴史五書』は、今日でも新鮮な芸術的美意識を垣間《かいま》見せている。「ヨハネ黙示録」も表現にイメージがふんだんに使われているが、ロドゥルフスもイメージの描出に熱心で、生々しい不気味さ、新鮮さが感じられる。ロマネスク人特有の神秘的な「出現」への愛着が息づいているのだ。

言い換えれば、彼は、合理的な記号の発想を踏み外して、表現そのものに賭けているということである。つまりA（青信号の青色）はB（「進め」という意味内容）を指し示すためにあるという考え方からの逸脱が見て取れる。

現実に起きた出来事に対してすら彼はそうするのだ。A（現実に起きた出来事）をB（終末論）に接続させるときに、Aをことさらに幻視のごとくに描き出すのである。たとえばセーヌ河口の沖合に巨大な鯨が出没して人々を驚かせた出来事や、オルレアン大聖堂に狼が侵入して鐘塔の綱をくわえて鐘を打ち鳴らした事件が、異常な幻視のように綴られている。

†悪魔の出現とその描出

他方で幻視そのものに対しては、彼は、これをまるで現実の出来事のように克明に描き出して、不気味さを増幅させる。

たとえば農民の異端者レウタルドゥスの見た夢はこうである。蜂の大群が尻の穴から入って口から出て、なおも彼を刺し続け、さらに祭壇の十字架をへし折るようにそそのかす。人のできない不敬を誘発させるのだ。

とくに第五書に書き込まれた悪魔の幻視は日本のすぐれた文筆家をもうならせた。澁澤龍彥（一九二八―八七）によれば「きわめて精密な悪魔の実見録」であり「まことにすぐれた観察眼」、「恐怖のさなかにあって、これだけ観察眼をはたらかせたのは大したものである」（『東西不思議物語』）。

ロドゥルフスはまず悪魔を見た修道士の話を紹介し、そのあと、彼自身の若い頃の悪魔体験をこう詳細に綴る。

さらに最近のことだが、神の意志によって私は、自分の目で、似たようなことの証人になった。殉教者レオデガリウスに捧げられ、シャンポーと呼ばれる修道院にいたとき、私は、ある夜、朝課の集まりの前に、ぞっとするほど醜い小人のようなものを見たのである。この存在は、私の寝台の下で私の方を向いて立っていた。見た限り、小柄で首は痩せ細り、ほおはこけていた。目は真っ黒、額にはシワが刻まれ、鼻はつぶれ、口は突出し、唇はぶあつかった。顎の先がとがって、ヤギのようなヒゲをはやしていた。耳は毛を逆立たせて先を尖らせ、髪はぼさぼさ、歯は犬のよう、頭蓋骨は縦に伸び、胸板はふくらみ、背中にはこぶができ、尻の肉は垂れていた。汚い衣服をまとい、全身痙攣しているようだった。私が寝ていた寝台の端をつかんで、寝台全体を激しくゆすり、そして言ったのである。《おまえはもうこれ以上この場所にいられないだろう》、と。私は目を覚まして飛び起きた。そしてこれまでよくあったように、今しがた私が描いたとおりのものをこのとき見たのである。その者は、歯を軋《きし》らせて、同じことをもう一度私に言った。《おまえはもうここにいられなくなるだろう》、と。

（ロドゥルフス・グラベル、前掲書、第五書I－2）

このあとの記述によれば、ロドゥルフスは大慌てで教会堂の祭壇に直行し、救いを求める祈りにふけった。悪魔との対面は人を敬虔な信仰へ導く「有益な啓示」になるというのが、この体験を記す彼の聖職者としての大義名分なのだ。

†「有益な啓示」だけでなく

彼がこの修道院（サン・レジェ・ド・シャンポー修道院）にいたのは、九九七年から一〇一〇年まで、一七歳頃から三〇歳頃までのことらしい。そして第五書を書き始めたとき彼は六〇歳を超えていたと思われる。三十年以上も前のことをよくここまで詳細に書けたものである。

老齢の彼を悪魔の体験録に駆り立てていたのは、信仰の意義、その有益さということなのだろうが、何よりも幻視を描くことそれ自体の魅力だったと思われる。

青信号の青色は単純で一様な青に表現できていれば、それで十分に「進め」を指し示す意義を果たしている。その青色の表現に濃淡をつけたり、花柄をつけたり工夫を凝らすことは、記号の表現として邪道なことだ。人の注意は「進め」の意味へ向かわず、その表現の面白さに引きつけられて足を止めてしまう。

老齢をおしてまでロドゥルフスは悪魔の表現に打ち込んだ。それは彼だけの問題ではない。

悪魔像は、ロマネスク時代の教会堂のティンパヌム（扉口上部の壁面）にも聖書写本にも多く現れる。しかもそれらの表現は必要以上に喚起力に富んでいる。悪を意味する記号にしてはずいぶん生き生きと描かれている。意味伝達を重視するキリスト教の記号学には収まらない生の表出にロマネスクの人々は憑かれていたのだ。

2　批判

†柱頭彫刻は何のために——クレルヴォーのベルナルドゥス

そうした感性豊かで鷹揚なロマネスクの人々のなかにあって、ひときわ狭量な批判を表明した聖職者がいた。彼は、キリスト教の建物内部にキリスト教から見て意味不明の彫刻が群れをなして飾られていることに怒りを覚え、批判の言葉を文字に残した。しかしその詳細な描写は、逆にロマネスクの何たるかを照らし出していて、重視されている。ロドゥルフスの「白い教会堂の出現」と並んで、ロマネスクと言えば必ず引用される同時代人の貴重な報告である。

その人の名はクレルヴォーのベルナルドゥス（一〇九〇—一一五三）といい、シトー会の大立て者だった。彼はキリスト教の教義に通暁する当代きっての神学者であり、その雄弁な語りは

図3-1　フランス、クリュニー会、モワサック修道院の回廊、12-13世紀

多くの人をうならせていた。

シトー会とは一〇九八年に設立された修道院の組織で、先行のクリュニー会（九〇九年／九一〇年の設立）に対する批判意識から生まれた。ベネディクト戒律を掲げて「祈りと労働」に専念するとしながら、つらい肉体労働を農民にまかせ、祈りの環境をひたすら豪奢に整えていくクリュニー会の享楽的な姿勢に疑問を感じていたのである。シトー会のその立場をより明確に弁明するように求められて一一二五年に執筆されたのがサン・ティエリの修道院長へ宛てられたベルナルドゥスの『ギョーム修道院長への弁明』であり、その後半部分に、クリュニー会の修道院回廊の彫刻【図3－1】に対する批判が語られている。今日のわれわれは、柱頭彫刻がいかに異種の図像の混合により成るかを、彼の文章から知ることができる。

しかし修道院（禁域）において書を読む修道士の面前にある、あのような滑稽な怪物や、驚くほど歪められた美、もしくは美しくも歪められたものは何のためなのか。そこに汚らわしい猿、猛々しい獅子、奇怪なケンタウルス、半人半獣の怪物、斑《まだら》の虎、戦う兵士、角笛を鳴らす猟師は何なのか。一つの頭に多数の胴体をもつ怪物を見たかと思えば、一つの胴体に多数の頭をもつ怪物をも見かける。こちらには蛇の尾をした四足獣がいて、あちらには獣の頭をもつ魚がいる。彼方には上半身が馬で下半身が山羊の姿をした獣が見え、此方では角のある頭をもち下半身が馬の姿をした獣を見る。一言で言って、驚くほど多様な姿をしたさまざまな像が、数多くいたるところにあるために、修道士は書物よりも大理石を読み解こうとし、神の掟を黙想するよりも、日がなこれら奇怪なものを一つ一つ愛でていたくなるだろう。おお、神よ、こんな馬鹿げたことを恥じないまでも、なぜせめて浪費を悔やまないのであろうか。

（クレルヴォーのベルナルドゥス『ギョーム修道院長への弁明』杉崎泰一郎訳）

ここに記されたクレルヴォーのベルナルドゥスの疑問は三点にまとめられる。
まずこれら図像それ自体の意味が彼には分からない。この時代の最高峰の神学者である彼にも、キリスト教との関係がつかめないのだ。彫刻作品としてみごとであり美しくさえあることは認める。しかし猿や獅子、兵士や狩人などの図像で何を語りたいのか。敬虔な信徒の彼にはその趣旨が分からない。さらに人と獣、一頭多体、一体多頭の奇妙な表現になると、いっそう彼には意味が分からなくなる。これでいったい何を言おうとしているのか。

二点目は、修道院の回廊という読書の場になぜわざわざこのような彫刻を飾るのか。場所柄にふさわしくない。回廊で修道士の注意が書物からそがれて彫刻に向かう事態を放任してよいのか。

三点目は、このような彫刻を多数そして多様に飾って、財を費やす理由が分からない。清貧に徹すべき修道院がどうしてこんな浪費にふけるのか。

†別の視点から

これらベルナルドゥスの提起する問題を少し考えてみよう。

一点目に関して注目したいのは、彼のようなロマネスク時代を代表する最高レベルのキリスト教知識人が、これらの図像を見ていてその意味が分からないと嘆いていることである。となると、少なくともキリスト教からの意味づけはこれらの図像にはないと見てよいのかもしれない。もちろん、この種の彫刻によってキリスト教が道徳的な戒めや教訓を説く場合があるし、悪魔の名の下に奇怪な生き物が描かれる場合もある。だがベルナルドゥスが問題にしているのは、ここに描かれている像が意味不明の表現であることだ。ただ、意味不明と言っても、完全に無意味な図像なのかというと、そうとは言い切れない。キリスト教とは別の角度から何か意味がありそうである。

どのような意味があるのかは、二点目の問題に関係すると私は思うのだ。回廊という場、つまり修道院建築での位置取りである。まず回廊の用途について補足しておくと、修道士にとってこの空間は、読書だけではなく、瞑想のため、遊歩のため、はたまた剃髪のために頭髪をそり落とす場でもあった。彼らにとって人間的な生活の空間だったということである。

問題なのはその位置なのだ。回廊は中庭に面している。中庭の形は正方形で、中央に泉水があり、そこへ歩道が回廊の中途と四隅から伸びている。その歩道のわきには緑の草地があったり花壇があったり、樹木も植えられ、人為的に作られた楽園のようだ。しかし自然の息吹きが感じられる。そもそも土、植物、石は自然そのものであるし、上を見れば大空が広がり、陽差しも風もふんだんに入ってくる。鳥や虫も飛んでくる。暴風雨や吹雪のときには回廊のなかまで雨滴が入り、雪が降り積もる。

私が強調したいのは、回廊は人間的空間と、中庭という自然的空間の「間《はざま》」に位置しているということだ。この「間」という空間は別個の二つの力が衝突して危険なところである。人間のつきあいでも、人と人のあいだに入って、両者異なる感情や言い分の調停に苦しんだ経験は誰しも持っているだろう。

それゆえ、「間」という場は強くあらねばならない。猿などの活力のある生き物、獅子や虎など獰猛な動物、狩人や兵士などアグレッシヴな人間の生命力が必要なのだ。一個の生き物で足りなければ、複数の生き物を合わせて力を増強しておかねばならない。

西欧の大きな美術館に行くと、アッシリアなど古代文明の宮殿や神殿の門がそのまま飾られている【図3-2】。門もまた内部と外部の「間」に位置する。だからこそ多くの力を結集させておかねばならない。人間と動物の力を合わせて、たとえば頭部には人間の知恵の力を、胴体には大空を飛ぶ鷲の翼の力を、手足には獅子の獰猛な力を、あるいは水牛の力強さを。こうしてできた複合の大きな生き物が門に彫り込まれている。日本の神社の狛犬《こまいぬ》も犬と獅子の合成であり、似たような背景から生まれたのだろう。

図3-2　古代アッシリア文明、宮殿の門、紀元前9世紀、イラク北部ニムルド出土、ベルリン、ペルガモン博物館

また柱頭というのも建物の天井部分と柱身との「間」である。回廊に面した列柱の柱頭は中庭との関係、建物上部との関係という二点で「間」なのだ。それゆえ、様々な動植物の力を合わせて強力にしておく必要があったのだろう。

間という境界領域を強力にして防御あるいは安定の要請に応える。一言で言えば「魔除け」あるいは「邪気払い」である。それが間に飾られたロマネスクの奇怪な像が担う意味なのだろう。正確に言うと、外部の邪気を払う像自身が邪気を放っているということである。毒をもって毒を制するのだが、制するその毒が過剰なのがロマネスクなのである。

ロマネスク時代の人々は必要以上のこと、余計なことをする。清貧に徹すべき修道院において無駄な消費をあえてする。「魔除け」の図像でも、豪華に、そして念入りに制作する。「魔除け」であることが分からなくなるほどに、である。そして道徳的にキリスト教に反する図像まで制作した。村の教会堂となると、道徳の箍《たが》がいっそうはずれて、猥雑な仕草や姿態にまで力の援護を求めてしまうのだ。邪気払いを口実にしながら、彼ら自身、邪《よこしま》な力を表現するのを楽しんでいるかのようなのだ。

†軒の下に力を

屋根の末端の下の壁のあたりを軒《のき》の下という。ここも、ひときわあぶない境界領域なのだ。下から吹き上げる雨風の影響を受けやすく、屋根との接合が危険にさらされる。この軒の下にあって、水平の帯状に伸びる突出部（軒蛇腹）を下から支える部分をモディリオン（軒持ち送り）という。すでに古代ローマの古典期の建築から、そこに装飾が施されるようになったのだが、中世ロマネスクの教会堂ではふんだんに彫刻が飾られた。人面も多く、そのルーツとしては、ケルトの人頭崇拝が挙げられる。敵から刈り取った頭を家の外壁や門に魔除けとして掛けておくのがケルトの習慣だった。ロマネスクの人面は、単なる人頭より表情豊かである。魔除けの意義を超えて、人間や動物の生命の表現の全幅を肯定しようとしているのが見て取れる。

私は、ロマネスクという様式名の生みの親の一人ジェルヴィルがこよなく愛した教会堂を訪れたことがある。ノルマンディー地方の小村タンのはずれにあるサン・ピエール教会堂だ【図3-3、口絵1】。一見すると森のなかに建つ清楚な教会堂なのだが、軒の下を見上げると、人面、獣面、人体、動物のモディリオンの彫刻がこれでもかというほど並んでいる【図3-4】。その数は、南側と北側を合わせてざっと百ほど。いずれも一二世紀前半の作だ。

巨大な舌を真横にして口から露出させる男。頬を引きつらせ乱杭歯《らんぐいば》をのぞかせる男。軽蔑ま

▲図3-3　フランス、ノルマンディー地方、タンのサン・ピエール教会堂、11-12世紀
▼図3-4（5点）　サン・ピエール教会堂のモディリオン

じりに目を大きく見開き、口髭を鼻の下から左右に細長く伸ばすシャーマン風の灰汁《あく》の強い男。口をぽっかり開けて、驚いた様子の猿。耳まで裂けた口を開けて歯をむき出す、人だか山猫だか判別できない生き物。ただ呆然と遠くを見やっている四つの顔。上下に二つずつ仲良く寄り添っているところからすると、村の親子なのかもしれない。

そうかと思えば、ヤモリのように軒下にしがみついて顔をこちらにのけぞらせる軽業師風の男もいる。両脚をわざわざ上げて陰部の穴をこちらにさらけ出す女もいる。そして股間に手をやり千擦《せんず》りにふけっているような男がいる。

一つ一つ見ていけばいくほど、幻視に襲われたようになる。すべての像が奇想天外に生命の力を表出させている。穏やかに、あるいは激しく、ときに猥雑に。ロマネスクはこんな民衆の生命の表現にも場を与えていたのだ。

†クリュニー会修道院の料理

再びクレルヴォーのベルナルドゥスの著書に戻って、彼の批判の言葉に耳を傾けよう。そこからはロマネスクの幅と深さが伝わってくる。この批判者自身も、そこに飲み込まれ、ロマネスク的な表現の意欲に駆られているのが見えてくるのだ。

『ギョーム修道院長への弁明』のなかでベルナルドゥスは、クリュニー修道士たちの生活、とくに彼らの衣食の生活に立ち入って、彼らがいかに清貧の思想に反しているか、いかに必要以上のものに取り憑かれているかを指摘している。

クリュニー会ではベネディクト戒律に従って肉料理が禁じられていたが、若くて健康な修道士が病気を理由に病室で肉を食べていた。これはまだ彼らの贅沢好みのほんの序の口にすぎない。修道院で作られる魚料理の豊富さと味つけはあまりにみごとで、ベルナルドゥスの批判の筆致に狂いが出るほどだった。フランス料理の原点をここに見ることができる。そしてクリュニー会の修道院の料理がもうすでに第一級の芸術作品だったということも併せて理解できるだろう。

最初の料理を満喫して次の料理に手をつけるとき、あなたにはすでに魚を味わったという感覚はないだろう。念入りに、みごとな腕前で調理されているので、四皿や五皿を平らげても、次の料理に嫌気がさすことはなく、食欲は失せることはない。口が香料の効いた味に慣れると、普通の料理を遠ざけるようになり、他国のソースによって、まだ何も食べていないかのように新たな食欲が湧いてくる。知らず知らずのうちに胃は膨れても、料理が多彩であるために嫌気がささない。そして自然が生んだ素朴な料理を嫌がるようになる。あらゆる素材を様々に混ぜ合わせて味つけをするので、神が素材に与えた自然の味が軽んじられる。喉が様々なものを混ぜ合わせた味に刺激されて、食欲は自然の範囲を越え、とどまることがない。

（クレルヴォーのベルナルドゥス、前掲書）

調理を批判しているのか調理に魅せられているのかよく分からなくなるほどみごとで克明な記述である。しかしここからまず読み取るべきは、ベルナルドゥスが中世キリスト教聖職者の自然観に立っていることなのだ。そこからクリュニー会修道院の料理を捉えなおしてみよう。

†神学者の自然観

上から「神―人―自然」の階層を設定し、自然を最下位に位置づけるのが中世の神学者の自然観である。

この場合の自然とは、人間が自在に使うことのできる素材としての自然、生命なき自然である。しかし誰しも知ってのとおり、これだけが自然ではない。人間にはどうにもならない力を発揮し、人間を恐怖させ、また魅惑して、神秘的な思いへいざなうのも自然である。

そもそも自然の事物は単体として存在しているわけではない。自然界においては雨水と風、熱と土、樹木と生き物がつながって多種多様な力や気配を発揮し、人間に人間を超える生命を意識させてきた。人間はそうして神的存在を、たとえば大地母神や動物たちと戯れる神々を、考えるようになったのだ。

その意味で、植物を土、水、光とつなげて実らせる農業は、まさに自然界の神的活動を文明によって再演する行為だったと言える。調理も同様で、いったんは死んで素材になった自然物を巧みに蘇らせてつなげ、新たな生命を醸し出す所作なのだ。調理を単に人間の文明的行為と見るのは浅薄であって、自然界の創造性の再演、自然本来の諸力の合成の再現行為なのである。作り出された料理は、自然そのものではないにせよ、自然の力とその可能性を感じさせるみごとな表現にほかならない。だからこそ、それを食する人間の欲望（このもう一つの自然の生命）と呼応して相乗効果を生み出していくのだ。食欲という人間の内的な自然とつながって、これを刺激し生き生きとさせて、それがまた美味な料理を生んでいく。

口に含んだ際、様々な味や香りの「照応」（コレスポンダンス（correspondance））があるや否やがフランス料理の評価基準の一つになっているが、これは一口含んだときに口内が小宇宙のような空間になり、そこに様々な味が響き合うこと、まさしくボードレールが詩に謳った「万物照応」（コレスポンダンス）が生じるということなのである。

ベルナルドゥスは、クリュニー会修道院を訪れて、その食卓に次から次に供される多様な魚料理を賞味しては、この「万物照応」へ、様々な生命の響き合いへ巻き込まれていった。彼の食欲は、はからずも中世のキリスト教聖職者が期待する「自然の範囲」を超えて、もう一段深い自然へ、つながりとしての自然へ、入っていったのである。

†ワインもまた絶品

ワインに対するベルナルドゥスの記述もまたみごとだ。新約聖書にあるワインの勧め「胃のために、また、たびたび起こる病気のために、ぶどう酒を少し用いなさい」(「テモテへの手紙第一」五―二三)のこの「少し」をクリュニー修道士はひどく踏みはずしているというのが彼の批判の趣旨なのだが、彼が描き出すクリュニー修道士の美酒の嗜《たしな》み、その繊細でゴージャスな粋人《すいじん》ぶりにはただ溜息が出るばかりである。

このようなことを言うのは恥ずかしいが、このようなことをするのはもっと恥ずかしい。これを聞いて恥ずかしいと思うなら、それを改めるのを恥じてはならない。あなたはたった一回の食事に半分ほど葡萄酒の入った杯が三、四種類出されているのを見かけるだろう。そしてあなたはさまざまな葡萄酒を飲むというよりも香りを堪能し、するというより舌で味わい、鋭敏な感覚とすばやい認識で多くの葡萄酒のなかから最も強い一種類の葡萄酒を選ぶようになる。大祝日に多くの修道院では蜂蜜を混ぜたり香料の粉末がふりかけられた葡萄酒を飲む慣習が見られるのは何と言ったらよいものか。これも胃の病のためだというのだろうか。これらの慣習は皆、私が見ている限りでは、葡萄酒をできる限りたくさん、おいしく飲むためのものである。しかし飲んだ後血管は弾けんばかりに、頭は割れんばかりになって、食卓を立てば、もう寝る以外にすることがあるだろうか。しかしあなたが修道士に、この哀れな状態で暁課のために起きるように強いるなら、修道士からは歌声ではなく嘆き声を聞くだろう。

私はやっとのことで寝台に辿り着いたときには、酩酊した罪悪感よりも、もう二度と食べることができないほどの苦痛に苛まれた。（クレルヴォーのベルナルドゥス、前掲書）

古代ギリシアのディオニュソス信仰、それを継承した古代ローマのバックス信仰が明かすように、ぶどうの木とその果実は、自然界の豊饒な生命力を伝える代表的な自然物として崇拝されていた。ぶどうの実から造られる酒は、この生命力を体現して伝えるメディアであり、大いに好まれた。ワインは人を陶酔させ、狂わせ、破滅させさえするが、それでも、いやそれだからこそ、つまりそれほどに強い力を秘めているからこそ、崇拝されてきたのである。イエスが最後の晩餐で赤ワインを自分の血だとして弟子たちにふるまったことの背景には、つながりをもたらすぶどうの木への地中海世界の信仰があったのだ。その後のキリスト教聖職者は、イエスの最後の晩餐を聖体拝領に再現し、節度をもって赤ワインの連帯を再現していったが、古代ローマの農民の慣習を継承した中世の農民たち、彼らと大地を共有した貴族たち、そしてその次男坊、三男坊でクリュニー会の修道士になった者たちは、地中海世界のワインの宗教性を豪快に再現していたのである。宇宙に開かれたぶどう信仰のその大いなる連帯の可能性を、祭りの場であるいは豪奢な食卓で寿《ことほ》いでいたのだ。クリュニー会にはキリスト教の宗教性と西欧の古層の宗教性の両方が息づいていた。

ちなみに、ブルゴーニュ地方の赤ワインをより芳醇な味わいへ高めていったのは、皮肉にもベルナルドゥスの属するシトー会の修道士たちだった。彼らはみずから「労働」に励み農作業を率先して行なうかたわら、灌漑や農業技術の開発に尽力した。ブルゴーニュ地方の丘陵地帯にぶどう畑を拓くと、まず畑の石を拾っては囲い「クロ」を作り（これにより畑地が温暖化し、動物の侵入と採食を防いだ）、沃土を盛り、美味なピノ・ノワール種を植え、効率よく実を絞る圧搾機を考案した。ジュヴレー・シャンベルタンはクリュニー会本院の高貴な銘柄だが、クロ・ヴージョをはじめニュイ・サン・ジョルジュ、ポマールなどワイン党にとって垂涎《すいぜん》の銘酒はシトー会修道士の手が元になっている。

第2章 古代からのさまよい

1 ローマの遺跡

†ロマネスク司教、ローマに現れる――ラヴァルダンのヒルデベルトゥス

この章ではロマネスク時代の人々が古代ローマ文明をどう捉えていたか、貴重な証言をもとに探っていきたい。もはや古代ローマは終わったと悟り、自分たちは今や違う時代にさまよい出ているという自覚を持ったロマネスクの人々である。その違いをどのようなものとして理解し表現していたのか、この点を見ていきたい。古代ローマと完全に決別したのではない、つながりのある流浪という曖昧さにとくに注目したいのだ。

まずはロマネスク時代の一司教とともに廃墟と化したローマを訪れてみよう。

一一世紀も末の末、一一〇〇年の一二月に、一人のフランス人司教が遠路はるばるローマを

訪れた。

使徒のペトロとパウロが殉死した地ローマには使徒座すなわちローマ教皇庁が置かれている。ただし中世のこの時代、ローマ教皇庁はまだヴァチカンではなく、サン・ジョヴァンニ大聖堂に隣接したラテラノ宮殿に設置されていた。

当時はいかなる司教も、五年ごとにローマを訪れてペトロとパウロの墓へ巡礼し、教皇庁で担当司教区の現状を報告することが義務づけられていた。「使徒座訪問」（アド・リミナ）と呼ばれる制度である。このフランス人は、一〇九六年に北西フランスの都市ル・マンの司教に就任し、最初の「使徒座訪問」を果たすべく、ローマへ入ったのである。ル・マンは今でこそ二十四時間の自動車耐久レースで有名な大都市だが、当時は依然、過疎化に沈む田舎町だった。

この田舎司教の目を奪ったのは、ラテラノ宮殿でもサン・ピエトロ大聖堂でもなく、フォルム・ロマヌム（イタリア語でフォロ・ロマーノ）だった。市の中央に白骨の群れのごとく広がる石の廃墟である【図3－5】。

古代ローマの中心部は七つの丘に囲まれた低地に広がる。

丘から望むその一帯には、紀元前の共和政の時代から、巨大な公共建築物の建設が始まり、紀元後、帝政の時代にはこれがいっそう進んで、白亜の大理石の建造物が群がるように建ち並んだ。神殿、宮殿、会堂、凱旋門、記念柱、列柱廊つき広場、劇場、泉水。すぐ近くには円形闘技場もそびえる。上下水道すら石造りで完備していた。それらが、今、壊れたまま放置されている。司教はその光景に目を瞠《みは》ったのだ。

都市ローマは西暦四一〇年に西ゴート族による手ひどい略奪と破壊を受けた。四七六年にはその他多くのゲルマン民族の侵攻にあって国全体が、つまり西ローマ帝国自体が滅んでしまう。それ以後も戦争と占領が繰り返され、時の風雪も加わって都市ローマは荒廃の一途をたどった。その中心、フォルム・ロマヌムは、もはや死の街と化していた。

図 3-5　フォルム・ロマヌムの光景

司教といっしょに、丘から降りて廃墟のなかを歩いてみよう。

神殿のまわりは雨水が溜まって沼地のようなぬかるみだ。折れた円柱が地べたに転がって、行く手をさえぎる。崩れた石壁は雑草に埋もれ、そのあいだからは、天井を失なった建物の内部ががらんと見える。栄耀栄華《えいようえいが》を極めた都市の何という哀れな姿。わずかに修復職人の動きが見られるが、その技術はとうてい過去のローマの建設者に及ばない。

古代ローマは終わってしまったのだ。

この認識を一一世紀末フランス人司教ははっきり持たされた。もはや自分は違う時代に生きている。今も大聖堂でミサをあげるときに、あるいは一人詩作にふけるときに、古代ローマの公用語であったラテン語（正確にはそのなかの「教会ラテン語」）を使用しているのだが、その母胎の文明はとうの昔に滅んでしまっていたのだ。

言いようもない断絶感が彼を襲う。しかし同時に彼は、目前の遺跡から、往時の古代ローマ人の力をひしひしと感じていた。これだけの建物を造った文明がどれほど偉大か、彼は尊敬の念とともに感嘆する。そこここに立つ神々の石像の凜々《りり》しさといったら、喩えようがない。腕がなく、胴体に亀裂が入っていても、美しさは胸を打つ。その後の人間のいったい誰が、これほどの神像を作れたというのか【図3-6】。

図3-6　フォルム・ロマヌムに残る神々の立像

司教は感動とともにラテン語で哀歌を二編したためた。廃墟ローマに彼が語りかける三十八行の詩（「ローマ哀歌Ⅰ」としておく）と、その彼にローマ自身が応える「ローマ哀歌Ⅱ」である。当時から評判になった対《つい》の詩で、ロマネスク時代の人々の共感を呼んだ。

†曖昧な詩の世界へ

司教の名はラヴァルダンのヒルデベルトゥス（一〇五六頃―一一三三）。ラヴァルダンは北西フランスの小村で、彼はその城主の家臣の子として生まれた。成長期にキリスト教神学だけでなく、ウェルギリウス（前七〇―前一九）やオウィディウス（前四三―後一七）などの古代ローマのラテン文学をしっかり身につけた。長じては、ラテン語で詩才を発揮した。その詩や書簡は当時から古代人を凌《しの》ぐと高く評価されていた。古代に倣《なら》いながら、古代以上の文学世界を表現していたのである。

その新たな文学世界とは、異種混交、ハイブリッドを特徴にする。まったく異なるものをつなげ、共存させて、その違いを露呈させたり融合させたりで、曖昧で定まりのない、そして意味不明の状況を謳うのである。

彼の二つの哀歌も、同じフォルム・ロマヌムの廃墟を題材にしながら、まったく違う視点での対話作品になっている。「哀歌Ⅰ」では「私」つまりヒルデベルトゥスが都市ローマに「そなた」と親しげに語りかけ、とくに異教の神々の神像の素晴らしさを称賛する。「哀歌Ⅱ」はその呼びかけに対するローマの応答なのだが、ローマはもはやキリスト教都市として厳《おごそ》かに、廃墟に転落した自らの身の意義を語り出すのである。ここで「私」と名乗っている存在はローマ自身なのだ。

作者の真意はどこにあるのか、どちらのローマに肩入れしているのか。大建築物から石像までみごとな造形作品を残した異教時代の古代ローマなのか。それとも三一三年のキリスト教公認、三九二年のキリスト教国教化を受けてキリスト教都市に成り変わったローマのほうなのか。

近代の研究者は自分の置かれた立場から判断を下そうとした。中世西欧に起きた古代復興すなわち「一二世紀ルネサンス」を研究する者は、一四―一六世紀のイタリア・ルネサンスを先取りしているとして「哀歌Ⅰ」を絶賛した。逆にイタリア・ルネサンスの専門家は、ルネサンスがすでに中世フランス人によって成し遂げられていたというのでは立場がないので、この詩人を中世キリスト教文化に閉じ込めておこうとして、「哀歌Ⅱ」こそがヒルデベルトゥスの本意であり中心作だとみなした。

この一対の哀歌の魅力は、どちらか一方に比重があるから生じているのではない。異教時代のローマとキリスト教時代のローマをともに肯定したいというロマネスク人の欲求が魅力を生み出している。視点を両方のあいだに自在に遊ばせる、しかもそれぞれのローマに気持ちを内在させて、それらを生きるという態度がこの詩を魅力的にしている。

†「ローマはかつてあった」

「ローマ哀歌Ｉ」の冒頭をまず読んでみよう。

荘厳な建築物の廃墟、解体した神像の群れにヒルデベルトゥスはこう語りかける。

ああローマよ、ほぼすべてが廃墟になった今でも、そなたに比肩しうるものは何もない。
砕かれた今でも、そなたは、かつての偉大さを見せている。
長い歳月がそなたの栄光を打ち壊してしまったのだ。
カエサルの城塞も神々の神殿も今は沼地に横たわる。
あの大いなる労作が滅ぼされたのだ。　（ラヴァルダンのヒルデベルトゥス「ローマ哀歌Ｉ」）

このあと二十行ほど同じように揺れる思いが謳われる。ローマはもう甦らないという断絶と、現在でもその偉大さが如実に見て取れるという継続を思う気持ちとの交錯だ。その表現の仕方は、含みのある引用句を挿入するなどして、じつに巧みである。

この都市は崩壊してしまったのだ。

だがこの都市に見合う讃辞を発するとなると、
それは、「ローマはかつてあった」になる。

（同「ローマ哀歌Ｉ」）

この引用句とおぼしき言葉「ローマはかつてあった Roma fuit」が、なぜ「この都市に見合う讃辞」になるのか判然としないかもしれない。

しかしじつはヒルデベルトゥスは、古代ローマの大詩人ウェルギリウスの有名な叙事詩『アエネーイス』の詩句「トロイアはかつてあった Troia fuit」（第3歌11行）を念頭に置きつつ詠んでいる。『アエネーイス』は、トロイア戦争で敗北した貴族アエネーアースが、陥落したこの都市から船出して、エーゲ海を南下、ギリシア半島を回り、シチリア島に立ち寄ったのちに、イタリアに入ってトロイアを再建、この第二のトロイアこそがローマの礎《いしずえ》だったというストーリーである。つまりトロイアは滅んだが、別の形で甦り、ローマにつながっているというのだ。

とすれば「ローマはかつてあった」の意味するところは、ローマは死んで消えてしまったということではなく、別ように生き返るということであり、新たに甦る力を含んでいるがゆえに讃辞になるのである。

ローマはいったん滅んだが、別の土地で別なふうに生き返っている。それこそが自分の時代の文化なのだとヒルデベルトゥスは暗示したいのだろう。「ローマはかつてあった」というローマへの讃辞は、ローマだけでなく、ローマの新たな生まれ変わりとしての中世ロマネスク文化にまで届いていると見ることができる。もちろん、「ロマネスク」という呼び名などヒルデベルトゥスの時代にありはしなかったが、彼は今、ローマを新たに生きている人なのだ。かつてのローマはなくなり、新たなローマへさまよい出ているという自覚を彼は持っていたと思われる。

†職人の創造力

このあと「ローマ哀歌Ⅰ」は廃墟に立ち並ぶ神々の像を称賛していく。これらの像を作った人間のわざにヒルデベルトゥスは感嘆するのだが、その感嘆の表現は独特だ。これらの像があまりに素晴らしいので、神々は喜んでこれらの姿に自分を合わせていったというのである。

人間の労力がこれほどに偉大なローマを築いたのだ。
神々の力をもってしても滅ぼすことのできない偉大なローマを。
ここでは、神々が、人の作った神々の形姿をほめたたえる。
しかも人が作った顔に似たいとさえ思っているのだ。
自然もこのような容姿の神々を作ることはできなかった。
人が作った神々の姿の何とすばらしいことか。

神々はそのみごとな外観から恩恵を受けている。彼らの像は崇敬の念を呼び起こすのだが、じつのところその崇敬の念は、彼ら神々にというよりも、職人たちの才能に差し向けられている。

（同「ローマ哀歌Ⅰ」）

このような人間礼讃を読むと、ヒルデベルトゥスをイタリア・ルネサンス文化人の先駆者とみなしたくなる。しかし人間の能力を褒め称えていても、彼はそれを、「職人たちの才能」と綴っている。特定の個人名を前に出さず、匿名の職人集団による創造を常態としていた中世の文化のあり方が見て取れる。対して、イタリア・ルネサンスでは、名前によって特定される天才的個人の才能が礼讃されていた。

さらに問題なのは、ヒルデベルトゥスのこのローマとその人間のわざへのオマージュが一転して神のわざのまえに相対化されてしまうことだ。「ローマ哀歌Ⅱ」を読んでみよう。

†十字架は逆転の象徴

「ローマ哀歌Ⅱ」はキリスト教都市としてローマ自身が語るという形式である。それとともに、世界の見方もがらりと変わる。一つのものがそれ自体で存在を認めてもらえず、つねに他のもの、それも上位に位置するものを指し示す象徴へ変貌させられるのだ。

細かい話になるが、「哀歌Ⅰ」でヒルデベルトゥスは、廃墟の彫刻のことを「立像」(signum)という言葉で表現している。このラテン語は、「記号」を意味する英語のサイン(sign)、フランス語のシーニュ(signe)の語源なのだが、ラテン語が公用語として華やかに用いられていた古代ローマにおいては第一に「立像」を意味していた。そしてこの「立像」をヒルデベルトゥスは、自ら輝く存在として称えていた。

ところが「哀歌Ⅱ」では同じ廃墟の彫刻が「模像」(simulacrum)と言い換えられている。この言葉は、尊き原型との対比関係のなかで、低次元の存在を意味していた。「哀歌Ⅱ」の冒頭を読んでみよう。「私」とは古代ローマのこと。古代ローマが「私」と言っているのである。

私は、神々の模像を愛《め》でていた時代、我が軍隊、我が民、我が城壁によって守られていた。だがその私が、迷信の似像と祭壇を打ち倒して唯一の神に従うや、またたくまに城塞は消え失せ、神々の宮殿は倒れ、民は奴隷に零落し、騎士は没落した。
今や私は、かつての私を知らないかのようになっている。私ローマがローマの記憶を失ったかのようなのだ。私は、没落したおかげで自分のことを思い出せなくなっている。

(同「ローマ哀歌Ⅱ」)

都市ローマが異教からキリスト教へ宗旨替えしたとたん、異教時代の所産はすべて滅んでしまったというのだ。キリスト教にとって価値がないから滅んだのだと言いたげだ。しかし注目したいのは、すべてが対比の関係に置かれていることである。

神々の像は「模像」あるいは「似像」とされて、本体であり原型である神々自身の存在との対比の関係に置かれ、その神々への信仰はキリスト教と較べられて「迷信」と呼ばれている。そして、最も大きな枠組みであるこの異教信仰の時代の都市ローマの全体がキリスト教時代の都市ローマと比較され、その没落が当然視され、その存在が忘却されてしまうほど低く見られている。

この対比関係においては低い位置に置かれたものが高い位置のものを際立たせて指し示す役割を担っている。物質的に繁栄したローマの没落は、精神的な神を頂くローマの崇高さを示すために語られている。

このようにマイナスのものをプラスのものへ接続する発想こそがじつはキリスト教の重要な要素なのだ。没落、死、不幸、災厄《さいやく》、無。こういった最悪の事態をそれ自体として認めず、別の、上位の幸福な事態を指し示す印とみなす発想。負(ネガティフ)のものを正(ポジティフ)のものへ逆転させる発想である。キリスト教だけではない、ヘーゲルの弁証法へ、さらに近代西欧の建設的な思想へ受け継がれていった考え方である。

ともかくキリスト教においてはまさに十字架がこの逆転の発想を集約している。忌まわしいイエスの死を、人類への神とイエスの愛の証しとみなすパウロの「十字架の神学」がその原点にある。ヒルデベルトゥスも司教としてこれを共有している。

†十字架都市ローマ

じっさいヒルデベルトゥスは「哀歌Ⅱ」の後半で、廃墟となった都市ローマの空しさと「神の国」の永遠性を対比的に示し、前者を後者へつなげていく。廃墟ローマは「神の国」を指し示す記号なのだ。

すべては廃墟になって消滅した。
だがそれは、我が市民がこの廃墟に希望を託すためだった。
我が市民が十字架の与える慈悲深い希望をないがしろにしないためだった。
十字架は、別の宮殿と別の栄光への約束。戦士たちに天上の国を贈る約束なのだ。

（同「ローマ哀歌Ⅱ」）

ヒルデベルトゥスは、死んだ都市ローマが、十字架上で死んだイエスと同様に、天上の神の国を指し示すと捉えている。死に意味を与えるというパウロ以降のキリスト教の考え方に「哀歌Ⅱ」のヒルデベルトゥスも従っている。

では「哀歌Ⅰ」のヒルデベルトゥスとの関係はどうなっているのだろうか。彼は最終的に「哀歌Ⅱ」を詠《よ》みたくて「哀歌Ⅰ」をその前段階に位置づけていたのだろうか。そうではない。古代ローマの遺跡を称えてこれに感嘆しつつ、その命脈を新たに生きている彼と、異教の都の廃墟を死と捉え、神の国を指し示す記号にしていく彼と、どちらも彼自身なのだ。この二つの立場を行き来するのがロマネスク人なのである。このさまよいを、その後のイタリア・ルネサンス初期の文化人の姿勢と比較して、捉え直してみよう。

2　つながりを求めて

†ルネサンス人ペトラルカのローマ体験

西暦一一〇〇年にヒルデベルトゥスがローマを訪れてから二百年余りしてローマの遺跡を訪れ、感動したイタリア人がいる。フランチェスコ・ペトラルカ（一三〇四―七四）だ。イタリア・ルネサンスを待望し、準備し、創始した文化人である。じつのところヒルデベルトゥスの「ローマ哀歌I・II」はペトラルカの作ではないかと近代まで長いこと思われていた。それほどすぐれた詩だったのだ。しかし両者は根本のところで相違する。その違いを明らかにしてみたい。

ペトラルカは、一三三七年二月、三二歳にしてようやく念願かなってローマに入ることができた。当時のイタリアは政情不安に陥っていて、ローマも危険な状態だったのだ。ペトラルカはイタリアの有力貴族コロンナ家に仕えていた縁故で、その騎馬隊に守られながらようやくローマ入りを果たしたのだった。

彼のローマ訪問の感動はラヴァルダンのヒルデベルトゥスのそれと根本的に異なる。ヒルデベルトゥスは遺跡の彫刻それ自体の美しさに魅せられていた。対してペトラルカは、廃墟に残る彫刻や建物から、それらを生み出すに至った古代ローマ文明の偉大さに心を震わせる。

もっと正確に言うと、ペトラルカは、自分がすでに書物で読んで知っていた古代ローマ文明、これを築いた過去のローマ人の偉業に思いを馳せて感慨にふけったのである。そして、遺跡をただ放置したまま、無関心に生活する大方の同時代のイタリア人に失望し、自分の文筆のモチーフを見出していく。古代ローマを同時代人に知らしめる歴史書を書く。古代ローマの再発見へ今のイタリア人を導くというルネサンス人文主義者のモチーフである。

†栄光の古代と暗黒の現代

そうして彼は古代ローマの正調文語ラテン語で叙事詩『アフリカ』(一三三八)と歴史書『著名人伝』(一三五一—五三)を制作して古代ローマを称えていくのだが、その古代ローマとは、紀元前の共和政時代のローマなのだ。智勇ともにすぐれたスキピオ・アフリカヌス(紀元前二三六—前一八三頃)が重要な登場人物として取り上げられている。ローマに生まれ、ローマに凱旋した軍人政治家である。叙事詩『アフリカ』は、第二ポエニ戦争(前二一九—前二〇一)でスキピオが北アフリカのカルタゴに勝利した歴史的事実を謳っている。『著名人伝』は、当初の構想では、そのスキピオを中心に置いて、ローマ建国の祖ロムルス王に始まり共和政を経て、帝政初期のアウグストゥス帝、ティトゥス帝(在位七九—八一)までの時代を対象にしていたらしい。

ペトラルカはこうして中世キリスト教社会にはなかった歴史観を提示しようとした。ルネサンス研究家、田中英道氏が彼の歴史観を的確にまとめているので紹介しておこう。

ペトラルカはそれまでのキリスト教的な歴史観——すなわち天地創造にはじまり律法以前、律法下、そしてキリストの生誕後の恩寵下の三代をへて「最後の審判」をまつ時代観——を捨て、古典古代の美術的・文学的遺産の豊かな栄光ある時代(ヒストリア・アンティクアァエ)と、まだ復興の兆しのない嘆かわしい現代(ヒストリア・ノヴァエ)の二つの歴史があることを述べた。つまり彼は古代ローマが輝かしい時代であり、コンスタンティヌスの改宗以後、

「暗黒」の時代となったと考えた。そして輝かしい時代がまた戻ってくることを期待したのである。

彼の代表作のひとつ『アフリカ』(一三三八年)で、次のように呼びかけている。《私の心が望み願っているように、もしお前が私より長生きするならば、多分よりよき時代が待ち受けているであろう。この忘却の眠りは永久に続かないであろう。暗黒が取り払われたあとで、われわれの子孫が、過去の純粋な輝きの中に戻っていくことができるだろう。》(『アフリカ』IX、四五三)。

(田中英道『ルネサンス像の転換』)

コンスタンティヌス大帝のキリスト教改宗を境にそれ以前を「古代」、それ以降ペトラルカまでの時代を「現代」(「近代」とも)とする見方である。

気になるのはこの「現代」を「暗き時代」とペトラルカが捉えていた点だ。キリスト教がその直接の原因ではなさそうなのだ。民族的な視点に立って、「純粋な輝き」が失なわれたというのがその理由らしいのである。「非ローマ人」の支配者の時代にローマの衰退が始まったということなのだ。『アフリカ』の一場面では、スキピオの夢のなかに亡父が現れ、非ローマ人の帝権をこう嘆く。「まことに、われわれがこれほどの労苦によって打ちたてた、帝国の統治権や栄光を、イスパニアやアフリカ出身の外国人どもが横奪するであろう。これら人間のくず、われらの剣のあわれな残兵どもが、最高の座を占めるとは、だれがこれに耐えられよう」(『アフリカ』第二巻二七四—二七八、近藤恒一訳)。ここからペトラルカの研究家、近藤恒一氏はこう続ける。

こうした事態を語るにしのびないというスキピオの父の心情は、そのまま著者ペトラルカの心情にほかならないであろう。『著名人伝』をティトゥス帝で終えようとした最初の構想も(『わが秘密』第三巻四)、おなじ心情によるのであろう。事実、ティトゥス帝とその弟ドミティアヌス帝(在位八一—九六)のあと、スペイン生まれのトラヤヌス帝(在位九八—一一七)を最初として、非ローマ人すなわち「蛮人」も、しだいに帝位につくようになる。こうして統治権は、ついには「北方」に移り、神聖ローマ帝国の君主たちの手におちる。

このような事態が生じたのも、ペトラルカによれば、ローマ本来の力強い徳性とは異質な「他国の無気力」(aliena segnities)がしだいにローマに「しのび入った」ためであり、それとともに、スキピオに典型的具現をみていたような「信じがたいほどの徳性」が失われていったためである(『親近書簡集』第一〇巻一)。こうして「悲しむべき歴史」が生じるにいたった(同前)。この「悲しむべき歴史」を物語るのはペトラルカには堪えがたいことであった。『著名人伝』がティトゥス帝までのローマ偉人伝として構想されたのも当然だったのである。

（近藤恒一『新版・ペトラルカ研究』一七六頁）

このようなイタリア人の民族的な誇りはその後のルネサンス人にも継承されていく。蛮族蔑視、アルプス以北の中世の文化を軽蔑する見方である。迷妄、野蛮、暴力の「暗黒」はとりわけ中世文化に押し付けられた。「ゴシック」という名称も「ゴート人」（アルプス以北に住むドイツ人をこう呼んでいた）へのルネサンス文化人の軽蔑心に端を発している。

†視点のさまよい

だが私がここで問題にしたいのは、ロマネスク人とルネサンス人の違いなのだ。ルネサンス人の自己確立の強さなのである。民族的なアイデンティティを強調するのも、自分というものをしっかり立ち上げたいからだ。そしてそれは、ペトラルカの場合、キリスト教以前の古代ローマを一個の作品のように立ち上げていくことと同時なのである。歴史の見方を変えて、異教時代のローマを際立たせて浮き上がらせる。廃墟から古代文明の跡を発掘する考古学者のように、原石から人体像をイメージどおりに彫りあげる彫刻家のように、彼は、共和政下、異教時代のローマ文明を自分の前に蘇らせようとした。現代哲学の言葉を用いれば、対象として「現前化」させたということである。こうした人間と対象との一対一の関係こそルネサンス人を特徴づける姿勢なのだ。

私は拙著『ゴシックとは何か』の第2部でこのことを遠近法の問題とともに語った。ここで詳しく繰り返さないが、画家が、個人として立ち、作品の世界をまるで窓枠から外を眺めるように描くのがルネサンスに始まる遠近法絵画である。画面の前景は大きく描かれ、奥の方に向けてどんどん図像が小さく描かれていく絵画である。この場合、作品を制作している画家も、そして出来上がった作品を見る鑑賞者も、絵画の外に立って、絵画の世界を見ている。見る人と作品が、それぞれ独立して向き合い、一対一の関係にある。

図3-7 中世の《最後の晩餐》図、『アンリ3世、礼拝用福音集』、11世紀、スペイン、エスコリアル、王立図書館所蔵

これに対して中世の絵画では、絵画を描く人の（そして作品を見る人の）視点が作品のなかに入っていき、自在に揺曳《ようえい》する。逆遠近法という手法だ。たとえば最後の晩餐の場面で、画面奥に行くにつれてテーブルが大きく表現されていたり、皿やグラスの飲み口が真上から見たように円形になっているのは、場面のなかに、作る人の視点が入っていき、イエス自身の視点になりきって、さらにまた弟子たちの視点にもなりきって、

テーブルや皿を見ているからなのである【図3－7】。

古代ローマを謳うヒルデベルトゥスの視点も、「哀歌Ⅰ」では遺跡を対象化して見る人の視点であったのが、「哀歌Ⅱ」では都市ローマの方に移動していて、ローマ自身が語るようになっている。ロマネスク人は対象のなかへ入っていき、自分を消し去るようにして対象を生きる。これはイタリアでもロマネスク時代には起きていたことなのだ。本書の第1部第2章でサン・パオロ・フォーリ・レ・ムーラ教会堂のなかに設置された復活祭用の大燭台円柱を紹介したが、台座のラテン語を読むと、この巨大な石柱が「私」と語り出している。物が〝語る主体〟になってしまっている。しかもこの石柱は「私もまた樹木」と言い、その自己同一性を不確定にしている。「私」とは石柱でもあり樹木でもあるのだ。

中世において「私」という立場は、イタリア・ルネサンスにおけるそれのように個人として確立した人間の占有物ではなく、人間でもその前の複数の対象でもよいということだ。中世では彼我の識別とか区別が固定的に成立せず、人も物も自在に結ばれていく。そのことをヒルデベルトゥスはたいへん美しい詩で表現した。これぞロマネスクという詩である。

†ロマネスクの美しい詩

ヒルデベルトゥスは、学識の高さだけでなく誠実な人柄で人望の厚かった聖職者である。しかし詩の世界では、キリスト教道徳を逸脱して、傑作を残した。

男性神の長ユピテルが美少年ガニュメデスを天空に引き上げて同性愛にふける詩もみごとだが、十字架と川と剣を融合させて死の場面を描いた「ヘルマフロディトゥス」はこの上なく美しい。ヘルマフロディトゥスとは男女両性の肉体を持たされた神話上の存在で、古代ギリシア・ローマから中世西欧へ語り継がれていた【図3-8】。

図3-8 《眠れるヘルマフロディトゥス》、紀元2世紀、ルーヴル美術館

ヒルデベルトゥスは古代以上の光景を描き出す。キリスト教信仰、民衆の自然崇拝、そして本書第3部第3章で述べる、騎士たちの武勇といったロマネスク時代を彩《いろど》る三つの世界に、古代の神話世界を導入して、異種の四世界をともに肯定し、セクシュアルに溶け合わせている。そこに意味などありはしない。道徳を超えた美しさがあるだけだ。ロマネスクの美がここにある。その詩のすべてを紹介しておこう。

私を身ごもったとき、母は、何が生まれるのか、神々に尋ねたという。
アポロは「男児」、マルスは「女児」、そしてユノーは「どちらでもないもの」と答えた。

生まれでると、私は両性具有の人間だった。
そんな私の死がどうなるのか嘆く母に、
女神のユノーは答えた、「剣によって死ぬだろう」。
マルスは、「十字架で」。
アポロは、「水で」。
すべて正しかった。
川の上に樹木の枝がたわわに覆いかぶさっている。
私はその樹に登った。
偶然、私が持っていた剣が滑り落ち、
私も剣を追って落ちていった。
しかし片足が枝に引っかかったままのかっこうで、頭だけが水中に没してしまう。
そうして私は、男であり、女であり、そのどちらでもない身のまま、
川、武器、十字架によって死んでいった。

（ヒルデベルトゥス「ヘルマフロディトゥス」）

十字架は樹木なのである。深い森の国ガリアでは、十字架は、樹木信仰とともに人々の心に浸透していった。川の流れもケルト伝来の信仰の対象である。剣は武勇を表わすためにある。

ヒルデベルトゥスの父親は、小村ラヴァルダンの城主の家臣だったというから、下級の騎士だったのだろう。ラヴァルダンは、現代でも『フランスの美しい村一五七選』（フラマリオン社、二〇一八年）に入る自然豊かな村落だ。石灰岩の断崖の上にヒルデベルトゥスの父親が仕えた城塞が遺跡として残り、森に囲まれた中世以来の家並みを見下ろしている。ロワール川（le Loir）に樹木が覆いかぶさるように茂り、洞窟にはケルトのドルイドが儀式を行なっていたという伝説が残る。この北フランスの地でヒルデベルトゥスは生い育ち、古代の文芸に魅せられながら聖職者になった【図3－9】。

図3-9　ラヴァルダンの風景。奥には城砦が見え、手前にはロワール川が流れる。『フランスの美しい村157選』フラマリオン社より

武勇、自然の神秘、キリスト教、そして古代文明。これら異種の世界に等しく魅せられていたのがロマネスクの人々であり、その思いがこの詩ではみごとに描かれている。どれか一つだけというのではない。十字架も死もここではもうパウロの逆転の発想に塗りつぶされることはない。あるのはただ人間にはどうにもならない偶然だけなのだ。その偶然によって、剣が滑り落ち、すべてが混ぜ合わされる。ル・マン大聖堂のなかにも異種混交の表現を見出すことができる。ヒルデベルトゥスが司教を務めていた頃にもあ

った柱頭彫刻だ。

†ル・マン大聖堂のなかで

ル・マンの大聖堂は初代の司教にちなんで聖ジュリアン（三四八年頃に没）の名が冠されているが、一〇五六年にロマネスク様式で再建が始まり、一一二〇年に完成された。この年に司教ヒルデベルトゥスにより献堂式が行なわれた。しかしその後まもなく火災による被害を二度にわたって受けたため（一一三四年と一一三七年）、ゴシック様式を取り入れながら再度改築が進められ一二六〇年に完成に至った。現在の大聖堂は、さらにまた改築と増築が重ねられ一四三〇年頃に竣工した建造物である【図3－10】。

だが現在でも過去の痕跡を残している。西正面扉口の南側の角には紀元前四〇〇〇年代の巨石文化の名残りで高さ四・五五メートルのメンヒル（巨石文化時代の記念碑）が立っている。神聖な場だったのだろう。教会堂に入ると一一世紀から一二世紀にかけてのロマネスクの遺構を見出すことができる。とくに身廊の内部はそうで、列柱はロマネスク時代の石柱の再利用である。その柱頭に目をやると、不可解な図像があって、こちらの関心を引く。たとえば一匹の梟《ふくろう》が両脇の鳩についばまれている【図3－11（上）】。堂内で購入した解説書によれば、鳩は昼を表わす。そしてキリストの希望の光によって、夜に沈む梟つまりキリスト教徒でない人々を目覚めさせるとあるが、どうだろうか。梟の目はしっかり開けられ、その眼差しは愛らしくもあり鋭くもあり、はたまた瞑想的でもある。古代アテネの賢明な「ミネルバの梟」にも見えてくる。鳩はむしろこの夜の鳥に語りかけ、なごやかに戯れたがっているようなのだ。

もう一つ、二羽の鳩を表わした柱頭彫刻があって、こちらは二羽とも杯に嘴《くちばし》を入れ、翼を悦ばしげに広げている。これから飛び立って世の多くの人にイエスの福音を告げるところらしいのだが、その尾は邪悪な蛇に変容している【図3-11（下）】。翼が善。尾の蛇は悪を表わし対立していると解説書にはあるが、ともに生き生きと彫り込まれ、一羽の鳥のなかで連続している。

▲図3-10　ジャコバン広場からのル・マン大聖堂の眺め
▼図3-11（2点）　ル・マン大聖堂、身廊の柱頭彫刻。上は梟と2羽の鳩、下は蛇の尾を持つ2羽の鳩

異教とキリスト教、自然界とその彼方、人間と神、善と悪。ロマネスクの人々はこのどちらか一方に与《くみ》することを嫌っていた。何かを区別してどちらかに肩入れすることに、人間の卑俗さ、狭さ、奥のなさを感じていたのだろう。神が創造したものは、たとえ人間には異種に見えることがあっても根底ではつながっていると、彼らは見ていたのだろう。

3 古代人の肩に乗って

†謙虚で新たな時代認識――シャルトルのベルナルドゥス

ここでシャルトルのベルナルドゥス（一〇一八頃―一一二六）の含蓄のある言葉を紹介しておきたい。この人は、フランスのシャルトル大聖堂【図3-12、口絵7】に所属した聖職者（副助祭）であり、そこの司教座付属学校で古代哲学の研究と教育に従事していた。彼の後継者ソールズベリーのヨハネス（一一一五／二〇頃―八〇）が一一五九年頃に執筆した書物によれば、「最近のガリアにおける文芸の知識の最も豊かな泉」（『メタロギコン』第一巻第二四章）であったし、「われわれの時代の卓越したプラトン主義者」（同書、第四巻第三五章）であった。ヨハネスはさらに次のようにベルナルドゥスの言葉を伝えている。古代人に対する中世人の自覚を示していて、有名になった言葉だ。

シャルトルのベルナルドゥスは、われわれはまるで巨人の肩に坐った矮人《わいじん》のようなものだと語っていた。すなわち彼によれば、われわれは巨人よりも多くの、より遠くにあるものを見ることができるが、それは自分の視覚の鋭さや身体の卓越性のゆえではなく、むしろ巨人の大きさのゆえに高いところに持ち上げられているからである。

（ソールズベリーのヨハネス『メタロギコン』第三巻第四章、甚野尚志／中澤務／F・ペレス訳）

ここで語られる「巨人」とは、古代ギリシア・ローマ文明を担った人々のことである。対して「矮人」（小人）とは、シャルトルのベルナルドゥスと同じ時代つまりロマネスク時代の

図3-12　フランス、シャルトル大聖堂、南バラ窓下の五連窓、13世紀。《イザヤの肩に乗るマタイ》、旧約聖書の人物の肩に新約の人物が乗る図像。このテーマのルーツは、巨大な古代人の肩に乗る小人の同時代人を語ったシャルトルのベルナルドゥスにあるとされる。PtrQs 撮影

人々を指す。自分のいる時代が、古代とルネサンスのあいだの「中世」だという自己認識はもちろんこの時代の人々にあるはずはなかったが、古代と違う時代に生きているという自覚はあったのだ。ベルナルドゥスは、この自覚をたいへん謙虚に語る。偉大な古代文明への尊敬の念をこめて巨人と小人の対比を用いている。そして、巨人の肩に乗るという比喩から分かるように、古代文明とのつながりも示している。そのうえで、自分の時代の人々は、古代の人々よりも「多くの、より遠くのもの」を見ることができるとしている。

では具体的にこの巨人の肩とは古代のどのような文化所産を指しているのだろうか。そしてその肩から何を見ることができていたのだろうか。ベルナルドゥス自身の場合に注目して探ってみよう。

†困難な接続

再び『メタロギコン』にあるヨハネスの証言である。

シャルトルのベルナルドゥスやその聴講生たちは、プラトンとアリストテレスを調停しようと熱心に努めた。しかし、生きているときに意見を異にした二人の死者を可能な限り和解させるためには、彼らはあまりにも遅くやって来たし、その努力は無駄だったと私は考える。

（ソールズベリーのヨハネス『メタロギコン』第二巻第一八章、前掲書）

プラトン（前四二七―前三四七）とその弟子のアリストテレス（前三八四―前三二二）はともに、知性のみによって捉えられる神とイデアをこの世界の最上位に置く観念論者だったが、その観念論の枠内で違いを呈していた。すなわちプラトンが永遠不変の神・イデアの世界（可知界）と、絶えず変化するこの地上の物質の世界（可感界）を厳しく峻別して前者の優越を説き、いわばトップ・ダウン型の宇宙創生論に与していたのに対して、アリストテレスは後者の物質の世界から前者の神とイデアの世界へ万物が進展していく動きを重視した。ちょうど植物が地中の種子から生長し幹を伸ばし枝葉をつけ花を咲かせるように、形相（イデア）は物質界において「可能態」（デュナミス）から「現実態」（エネルゲイア）へ、そして「完成態」（エンテレケイア）へ自己実現していくと考えた。

ソールズベリーのヨハネスは、古代ギリシアのこの二人の哲学者を和解させるのにはシャルトルのベルナルドゥスの登場は遅きに失したと言っているが、これは古代ギリシアに彼が生まれていればよかったということなのだろう。じつは別の意味では彼は早く生まれすぎたと言える。というのも、彼の時代、プラトンの哲学書として西欧に伝わっていたのは、古代ローマ帝政末期のギリシア人カルキディウス（生没年不明、四世紀後半に活動したとされる）がギリシア語からラテン語に翻訳した『ティマイオス』の前半部分（ティマイオスなる人物によって宇宙創生の神話が語られる17aから53cまでの部分）だけだったのだ。そしてまたベルナルドゥスの時代、つまり一一〇〇年代の初めは、スペインのトレドとコルドバ、シチリア島のパレルモの翻訳センターでアリストテレスの哲学書がアラビア語訳からラテン語へ転訳されて西欧世界に入り、本格的にスコラ学を生誕させる「一二世紀ルネサンス」の黎明期だったのである。

なおかつ重要なのは、プラトンとアリストテレスを調停するうえで新たな契機となった新プラトン主義再評価の動き（パリとその周辺で始まる）の前夜に彼がいたということである。

さらにもう一点、ベルナルドゥスが「卓越したプラトン主義者」だったことがプラトンとアリストテレスの調停を困難にさせていた。彼が厳密にプラトンの見方に従っていたためにこの調停は難しくなっていたのである。

こうした時代の制約と彼自身の問題を少しく検討してから、古代人の肩の上からの彼の展望を推しはかってみよう。

†「生得的形相」をめぐって

シャルトルのノートルⅡダム大聖堂付属の学校で、ベルナルドゥスはカルキディウスの翻訳した『ティマイオス』を解読する講義を行なっていた。そのさい彼は、カルキディウスによる注釈書を基軸にし、ギリシア哲学に精通した古代末期の哲学者の書（マクロビウスの『スキピオの夢』、ボエティウスの『三位一体論』や『哲学の慰め』など）にも目配りして、『ティマイオス』の解読を豊かなものにさせていた。だが彼はそれでプラトンへの厳密な理解を崩すことはなかった。その姿勢はソールズベリーのヨハネスの伝える彼の韻文に暗示的に表明されている。

> 私は、個別的な存在の根拠が、質料と形相の密接な結合のうちにではなく、
> これらの一つ〔形相〕が永続性をもつ事実の中にあると思う。
> かのギリシア人〔プラトン〕はそれを、質料をヒュレーと呼んだのに対して、
> イデアと呼んだ。
>
> （ソールズベリーのヨハネス『メタロギコン』、第四巻第三五章、前掲書、〔　〕は原訳者の挿入）

ここで語られる「質料」とは水や土などの基本的な物質のことであるが、この詩を読んだだけでは何が問題になっているのか判然としないと思う。まず背景に『ティマイオス』で語られる宇宙論があることを指摘しておく。そのなかで（とくに48eから53cのあいだで）、たいへん大雑把な見取り図として、父（イデア）からその模像（ミメーマータ）が地上の母「場《コーラ》」（物質を汲んでイデアと合成させる受容体）に送られて物質と混ぜあわされ形を与えられて、子（個々の物体）

が生み出されるとある。このイデアの模像を後世の解釈者（たとえばボエティウス〔四八〇―五二七／五二八〕）が概念化して「生得的形相」と言い出したのである。この韻文で「質料と形相の密接な結合」と呼ばれているのがこの「生得的形相」の内実である。

「生得的」とは「生まれついての」という意味で、個々の存在が誕生時から負う様々な物質的な条件を指す。「形相」は原型（イデア）であり、本来ならば永遠不滅なのだが、物質と密接に結合しているため、滅んだり、腐ったり、影響を被る。しかし後世の解釈者はアリストテレスの発展的形相論の発想とのつながりを求めてあえて「形相」と言い出したのだ。カルキディウスはその先駆けだった。彼の断章形式の注釈書にはアリストテレスの名が挙げられ「可能態」から「完成態」へ形相の進展として人間の魂が論じられている（断章二二二）。

ベルナルドゥス自身も、彼が書いたとされる『ティマイオス』の注釈書で「生得的形相」の概念を駆使しているのだが、他の解釈者の行き過ぎた見方には批判的だった。

ある人々によれば、質料は物体の主要な原因ではなく、生得的形相だけがそうなのであって、父の役割を担っていると言われる。というのは、父の種子が母の胎内で子を造るように、生得的形相は質料の中に到来して、物体を生み出すからである。

（シャルトルのベルナルドゥス『プラトン注釈』伊藤博明訳）

さきほどの韻文と合わせてこの文章を読み解くと、「ある人々」は、生得的形相をこの世の個々の物体の根拠に見立て、その進展としてこの地上の世界を理解しているのであって、アリストテレスのボトム・アップ型の形相論に期待しているのである。それに対してシャルトルのベルナルドゥスは、神とイデアを優越させてトップ・ダウン型の宇宙論を説くプラトンを支持している。この世の真の根拠、宇宙の真の発端は、神であり、神が生んだイデアだという発想に立っているのだ。

これではいつまでたってもプラトンとアリストテレスの調停は進まず、ソールズベリーのヨハネスが言うとおり、しょせん「その努力は無駄」に終わる。しかしそれでもベルナルドゥスおよび彼の聴講生は「プラトンとアリストテレスを調停しようと熱心に努めた」。これはなぜなのか。

†成長への期待

シャルトルのベルナルドゥスが乗った巨人の肩とは、具体的な文化所産としては、カルキディウスの翻訳した『ティマイオス』の部分訳、そしてカルキディウスの注釈書をはじめとする古代末期の哲学書であった。これらはそれぞれに地上界から天上界を志向する上昇の動きを重視していた。そしてこの動き自体にはベルナルドゥスも共鳴するところがあったのだ。彼を勇気づけ、善導したとさえ言える。とりわけ教育者としての彼、大聖堂の聖職者としての彼を。『ティマイオス』はたしかにトップ・ダウン型の宇宙創生論なのだが、しかしまた地上に生み出された個々の存在の成長が示唆されてもいる。当初、個々の物は物質の非理性的な性格の影響を強く受けて、赤子のように右に左にさまようばかりでこの世は混乱していたが、時がたつにつれ成長して理性的になると説かれている。人間の場合、「何らかの正しい養いが教育に寄与してくれるような場合には、人は最大の病〔理性を喪失した状態〕を逃れて、一点非の打ちどころのない、完全に健全なものとなります」(『ティマイオス』44b〜c、種山恭子訳)。この教育のうち、イデアを直接に知る学問、すなわち哲学が最も推奨されている。

シャルトルのベルナルドゥスも教師であり、この点、大いに啓発されただろう。彼は熱血教師で、ときに鞭で学生を打つこともあったが、画一的な教育を強いはせず、学生一人一人の種子がそれぞれに開花するように努めた。「彼はすべてをいっぺんに教えようとはせず、聴講者に対して段階的に、かつ個々人の能力に従って教育を施した」(ソールズベリーのヨハネス『メタロギコン』第一巻第二四章)。最初は古典作家の模倣から入って、まさに巨人の肩に乗ることがめざされたが、最終的にはその学生が長じて、立派な作品を書き残し、後世の人間が彼の肩に乗るようになることをベルナルドゥスは求めていた。「先人を真に模倣した者だけが、後世の者により真に模倣されるに値する者になることを教えた」。教育者としてベルナルドゥスは学生を「完成態」へ導こうとしていたのだ。

†母なる「場」

ベルナルドゥスがその肩に乗ったもう一人の古代の巨人カルキディウスについて言うと、この人は、キリスト教の祭司オシウスから依頼を受けて『ティマイオス』の翻訳と注釈書を著したのだった（四世紀の後半、三八〇年頃という説がある）。そうした背景には三一三年のミラノ勅令以降のキリスト教勢力の方針、ブラウンのいう「故意の曖昧さ」がある。異教と妥協しつつキリスト教化を進めるという方針だ。カルキディウスがキリスト教徒であったかどうかは定かではないし（ベルナルドゥスはオシウスの友人で助祭だったと記している）、彼の注釈書を読んでもその気配はほとんどない。だがアリストテレスへの「完成態」への言及はあきらかに上昇志向的であり、キリスト教の意向と重なる。プラトンの造物神、アリストテレスの不動の動者としての神は、キリスト教神のように愛も救済も語りはしないが、絶対にして唯一の理性的存在であり、それをめざすことはキリスト教信仰と軌を一にしていた。

このような古代人の肩に乗ることによってシャルトルのベルナルドゥスは、よりいっそうはっきりと彼の視界に現れる人々の動きの意味をとらえ、それを広い気持ちで理解することができていたのだろう。

シャルトル大聖堂はほかならない聖母信仰のメッカであり、多くの人が遠くから巡礼に訪れていた。当時の知識人聖職者ノジャンのギベルトゥス（一〇五五頃―一一二五頃）の一二世紀初めの言葉によれば、「シャルトルの聖母の名声と聖遺物はラテン世界ほぼ全域で崇拝の対象である」。彼ら巡礼者は、異教の自然崇拝と同様に聖遺物からこの地上でのご利益《りやく》を期待し、同時にまた天上の父なる神への聖母の執りなしを期待していた。ロマネスク時代、キリスト教側の「故意の曖昧さ」はその度合いを増していた。多種多様な人間の要望を受け入れながら、天上の神に向け道筋を与えていたのだ。

『ティマイオス』において母なる「場」は、「あらゆる種類のものを自分自身のうちに受け容れようとするもの」（50e）とある。聖母マリアに捧げられたシャルトルの大聖堂は、ありとあらゆる巡礼者を迎え入れる母なる「場」であった。一二世紀後半からのゴシックの時代において司教座都市の聖母マリア崇拝は、近隣から遠隔地まで様々な農村から移り住んできた新都市住民に向けて、その多様な大地母神信仰を統一する役割を担っていたが（拙著『ゴシックとは何か』第1章を参照のこと）、ロマネスクの時代、都市の定住者は少なく、シャルトルも閑散とした佇まいだった。しかし巡礼者は王侯貴族から食うや食わずの貧農まで多様をきわめ、間断なくこの大聖堂にやってきていたのである。ボース平野のただなかに立つロマネスク様式の大聖堂をめざして、東西南北あらゆる方角から遠路、巡礼者が到来していたのだ。

シャルトル大聖堂の聖職者であったベルナルドゥスは、古代人の肩に乗ることによって、母なる「場」の幅広い受容の役割を教えられ、巡礼者たちの上昇志向を支えまた導く意義も知らされたのだろう。ただし哲学の問題として、プラトンの『ティマイオス』において母なる「場」に入ったイデアの模像が「生得的形相」として子を「完成態」へ導くという解釈には同意できずにいた。イデアと物質を峻別し、イデアの純粋さと力を信じるプラトン主義者の彼にとっては、両者の混成物がそのような上昇と進化をもたらすとはとうてい受け容れられない話だったのである。

じつはこの問題はすでに五世紀末にイデアと物質の根本的な違いを柔軟に捉える見方によって、すなわち新プラトン主義の見方によって解決が試みられていた。シリアの神学者で新プラトン主義者の偽ディオニュシオス・ホ・アレオパギテースによる試みである。彼の解釈によれば神から発した理性の光は地上の存在者へ降りていき、たとえわずかであれ個々の地上の存在者に分有される。その理性の光を信仰によって徐々に高めていくことで個々の地上の存在者も階段を上るように神へ至ることができる。神からの理性の光の発出と、神への光の還帰を説くこの理論が、一一四〇年代にパリおよびパリ周辺の聖職者たちによって再評価され、ゴシックの大伽藍の神学的支えになっていくのである。建物の大きさ、高さ、そこを飾るステンドグラスなどの装飾。物質的にどれほど過剰に表現されていても、そこには何がしか理性の光が宿るとされたのである。そうなればもはや建築に歯止めがきかなくなる。司教座都市のあいだでゴシックの大聖堂が競合的に巨大化されていった所以《ゆえん》である（拙著『ゴシックとは何か』第1章参照のこと）。

プラトン主義者のベルナルドゥスはゴシックの前夜にいて、プラトンとアリストテレスの接続に苦しんでいた。だが大方の彼の同時代人は、そんな理論の制約など気にせず鷹揚に巡礼に出ていたのである。そして彼の先行のシャルトル司教フルベルトゥス（在位一〇〇六―二八）も、プラトンを評価する学者でありながら、巡礼者の要望に対応して大聖堂を改築するなど柔軟にロマネスク時代を生きていたのだ。次の章では巡礼からロマネスクを捉え直してみよう。

第3章

祈りの旅路

1　巡礼

†母なる地のロマネスク――シャルトルのフルベルトゥス

パリ南西八〇キロのところにあるシャルトルの一帯は、キリスト教の入ってくる以前から、母なる大地を信仰するケルトの人々、とりわけカルヌテス族の集落地として知られていた。フランス語の都市名シャルトル Chartres もカルヌテス族を意味するラテン語 Carnutes に由来している。

カエサルの『ガリア戦記』によれば「ドゥルイデスは、毎年定まった日に、全ガリアの中心と考えられているカルヌテス族の領土に集まり、聖なる場所で、法廷を開く」（『ガリア戦記』國原吉之助訳、第六巻一三）。「ドゥルイデス」とはケルト諸部族にいた祭司のこと。この「聖な

図3-13　シャルトル大聖堂、クリプトの井戸

る場所」がシャルトルだとは特定できないが、他にそのような神聖な地が見当たらないことから、シャルトルと目されている。現在も大聖堂の地下聖堂（クリプト）に残る深さ三三メートル有余の井戸は、シャルトルがローマ帝国の支配に入り城塞都市になってから掘られたとされるが【図3－13】、都市の飲料水の供給源だっただけではなく、ケルトの信仰の対象だったと考えられている。じじつ井戸は、ケルトの人々にとって、聖なる水を汲み上げる重要な役割を担っていた。そしてさらに、大地の底との霊的交わりを欲するケルト信仰特有の竪坑の意味も持っていた。

　シャルトルにキリスト教の司教座聖堂が建てられたのは三五〇年頃とする伝承もあるが、じっさいには西ローマ帝国が滅んだのちの六世紀初頭に建設されたらしい。この最初の大聖堂は八世紀の半ば、火災で焼失。その後建設された第二の大聖堂は九世紀半ばにヴァイキングによって破壊された。司教ギスレベルトゥス（在位八五九—八七八）によって第三の大聖堂が建設されると、八七六年にカール大帝の孫にあたる西フランク王、シャルル二世（シャルル禿頭王《とくとうおう》とも、在位八四三—八七七）によって聖母マリアの衣が献じられた。これは、マリアがイエスを出産したときに纏《まと》っていたとされる布で、中世の当時は「下着」（chemise）と呼ばれていた。西暦一〇〇〇年頃聖遺物箱に収められ、主祭壇に置かれるようになったという。その後、一八世紀に司教メランヴィル（在位一七一〇―四六）によってこの聖遺物箱が開けられたとき、なかには一枚の長大な生糸の布、すなわち幅四六センチ、長さ五・三五メートルに及ぶ絹布が収められていたので、以後、「マリアのヴェール」と呼ばれるようになる。

西フランク王シャルル二世がこのマリアの聖衣をシャルトル大聖堂に献じた理由として、すでにこの大聖堂が聖母崇拝の拠点であったことが挙げられている。ともかくも、この聖遺物のおかげでシャルトルはそれ以後、聖母の名声を得て、一大巡礼地になっていく。その当時の大聖堂、つまり第三の大聖堂は九六二年に火災で焼失し、第四の大聖堂が建設されたが、これも一〇二〇年に雷を受けて焼失。この後、司教フルベルトゥス（在位一〇〇六―二八）が広大なクリプトを備えたロマネスク様式で大聖堂の建築を進め、この第五の大聖堂は、彼の死後、一〇三七年に完成に至る【図3-14】。一一一〇年代にベルナルドゥスが教鞭をとっていたときのシャルトル大聖堂は、まさしくフルベルトゥスによるこの第五のロマネスク様式の大聖堂だった。八七六年に献じられた聖母マリアの聖衣は火災の被害を免れて残存し、巡礼者を呼び寄せた。かなり速い速度で第四、第五の大聖堂が建設され、しかも第五の大聖堂の改築が大規模になされたのは、彼ら巡礼者の落とす莫大な献金のおかげだった。そして周囲に広がる肥沃なボース平野の農業生産がこれを支えていたのだ。シャルトルの大聖堂は、まさにイエスの母の出産時

図 3-14　シャルトル大聖堂クリプト

のヴェールと母なる大地からの農産物の恵みで、ベルナルドゥスの面前に建っていたのである。このプラトン学者の聖職者にとって、プラトンの『ティマイオス』で説かれる母なる「場」は、何と言っても、聖母マリアに捧げられたこのノートル・ダム大聖堂だった。そして、その内実を支えていたのは、絹の「下着」と農産物の「小麦」という物質だったのである。

物質の恩恵はこれだけではなかった。あろうことか、彼の偉大なる先駆者、司教のフルベルトゥスは聖母マリア崇拝を井戸水と母乳という生々しい物質に訴えてさらに民衆の巡礼熱をあおっていたのである。

†井戸水と母乳

フルベルトゥスは聖職者として、そしてまた学者として、さらに教師として、ベルナルドゥスの偉大な先人だった。フルベルトゥスは天文学、医学、法律から哲学まで知悉《ちしつ》した博学な学者であり、また有能な教師だった。彼の名声のおかげでシャルトル大聖堂付属学校は「地方学校」の地位から広く西欧世界に名を馳せる学問の場になったのである。シャルトル学派なるものがあったとして、彼はその創始者だと言っていい。「プラトンはいずれの見解にも優り、神は唯一であることを知っていた」と詩に書いて（杉崎泰一郎訳）、古代の大哲学者をキリスト教の支えにしようと腐心してもいた。

しかし同時に彼は民衆の物質的な信仰心を打つようないろいろな逸話を残し、巡礼者のさらなる増加を促進していた。

たとえば彼自身、「火の病」（mal des Ardents、中世によく流行った麦角中毒）に襲われたとき、先述した井戸の水により治癒したとの逸話を広め、一〇二〇年から大聖堂をロマネスク様式へ改築・拡張するときには、この井戸を大聖堂の内部、地下聖堂の一角へ取り込んだのである。以後この井戸は同じような御利益を期待する巡礼者の人気スポットになっていった。地下聖堂は一種の病院の役割さえ果たして、病に苦しむ巡礼者をそこで九日間収容し介護したのである。

フルベルトゥスの逸話はこれにとどまらない。さらなる逸話を作って、古井戸の水を聖母の母乳に結びつけてもいた。「火の病」で苦しむ彼の前に聖母マリアが奇跡のごとく現れ出て、胸をはだけたかと思いきやその豊満な乳房から母乳を彼の唇に注ぎ出し、快癒させたというのである。彼の唇から漏れでた聖母の母乳は聖遺物としてシャルトルに安置されているというまことしやかな話まで広まって、民衆をさらに巡礼へ焚きつけたのだ。

じっさいこの井戸のすぐそばには「地下聖母の礼拝堂」が開かれ、木塑の聖母子像が置かれていた。この彫像はフランス大革命の最中、一七九六年に焼失したが、一九七六年にロマネスク時代のままに復元され現在に至っている【図3-15】。ロマネスク特有の姿で、聖母は膝の上に幼児イエスを乗せて椅子に座り、二人とも正面を向いている。だが聖母の目が違う。両方の目を大きく見開き母性を外へ放っているのがロマネスク時代の聖母子像の特徴であり、シャルトル大聖堂のステンドグラスの有名な《美しき絵ガラスの聖母》もその系列に入る作例だ【図3-16】。だがこちら《地下聖母の像》の方は同じ姿でも目を閉じている。「ケルト信仰の名残りで瞑想的になったのです」と地下聖堂の案内人は私に説明してくれた。

▲図3-15　シャルトル大聖堂クリプトの《地下聖母の像》
▼図3-16　シャルトル大聖堂、《美しき絵ガラスの聖母》

フルベルトゥスが改築したロマネスク様式の大聖堂のなかで教鞭をとっていたベルナルドゥスが日々目にしていた光景は、どんどん数を増していく巡礼者の到来だった。シャルトルの名がこれほどに広まったきっかけは、先に述べたように、八七六年にマリアの聖衣が西フランク王より大聖堂に寄贈されたことにある。これに、今しがた紹介したフルベルトゥスの逸話、および聖水の古井戸の地下聖堂への取り込み、そして《地下聖母の像》が加わって、巡礼に拍車がかかったのだ。

彼ら巡礼者をシャルトルへ駆りたてていたのは出産と病気平癒への願いである。子を産み出すときのマリアの衣服はまさに神がかった出産の力を帯びていると思われていたし、《地下聖母の像》のほうは一四世紀に「これから子を産み出す聖母」(Virgini pariturae)の異名を持つことになるが、そのルーツは豊饒祈願を特徴とするケルト時代からの大地母神信仰に行き着くとされる。古井戸の聖水の治癒効果はフルベルトゥスの快癒でもはや証明済みだった。

安産祈願、病気平癒などは日本の神社で買うお守りと同じ発想である。中世キリスト教の巡礼者は、自然崇拝の神道に従う日本人と似たような御利益期待の発想に立っていたわけだ。井戸水にしろ母乳にしろ「下着」にしろ、この世の物質であり、これら複数の物体を神格化して熱心に求め、手に触れようと欲するアニミズムの多神教的な姿勢は、一神教のキリスト教側からすると、困った話、つまり「迷信」だった。じっさいシャルトル地下聖堂の古井戸は、一七世紀の半ばになると、シャルトルの聖職者から「迷信」の元凶と断罪され、見えないように蓋をされ隠蔽されてしまったほどである。現在、この古井戸を見ることができるのは、一九〇〇—〇一年に地元の歴史家が発掘作業を行ない、再発見したからなのだ。

†ル・ピュイの美しい伝説

フランスの中部山岳地帯のル・ピュイ＝アン＝ヴレ（以下ル・ピュイと略する）もまた、ロマネスク時代に聖母マリア巡礼で賑わった都市だ。

ここは盆地で、太古の火山活動のせいで奇岩が屹立《きつりつ》し、そこに教会堂が建てられた【図3-17】。サン・ミシェル・デギーユ聖堂もそのなかの一つである。高さ八二メートルに及ぶ円錐形の岩の頂きに建つ。最初は小さな礼拝堂として一〇世紀に建設され、その後、巡礼者の増加にともなって一二世紀に増築された。正面扉口の多弁型のアーチにイスラムの影響が見られる【図3-18】。

この盆地最大のコルネイユ岩山の頂きには幼児を抱えた聖母の立像が立ち（一八六〇年作）、その中腹にロマネスク様式の大聖堂がそびえる（図序-12、二四頁）。この大聖堂の建設起源をめぐっては、西暦一〇〇〇年頃にすでに次のような内容の伝説が流布していて、巡礼者を集めていた。こちらも病気平癒への願いである。聖母マリアの出現による熱病の快癒が多くの民衆を引きつけていたのだ。

《三世紀の末、高貴な身分の婦人が、ひどい熱病に苦しんで横になっていると、ある人が夢のなかに現れてコルネイユ岩山に行くように促した。貴婦人は、この岩山の中腹の台地に赴き、

▲図 3-17　ル・ピュイの景観。左上がコルネイユ岩山の頂きの聖母子像（1860 年）、手前がサン・ミシェル・デギーユ聖堂、右奥がル・ピュイ大聖堂
▼図 3-18　サン・ミシェル・デギーユ聖堂の正面

ドルメンの平たい石の上でしばしまどろんだ。すると、この巨石のまわりに無数の天使と聖人が現れ、その上に聖母マリアが王妃のように気高く椅子に座った姿で、ここに教会堂を建ててほしいと願いを述べた。目をさますと、貴婦人は病から回復し、すぐにこの奇跡を近隣の司教ゲオルギウス（在位不明）に知らせた。司教が台地にやってくると、七月だというのに雪が降り出し、白い地面の上を鹿が走り回ってドルメンを囲む形で教会の敷地の輪郭を示した。司教にはすぐさま建設する手立てがなかったので、鹿の足跡に沿って枯れたイバラで生垣を作っておいた。すると翌日にはこの生垣に花々が咲いて、良い香りが漂っていたという。それから何年かして同じようなマリアの出現と病気平癒の奇跡が起きたため、時の司教エヴォディウス（在位三六五頃―三八五頃）はこの地に司教座を移して聖母マリアの大聖堂を建設する決意をし、その許可を求めてローマ教皇庁へ旅に出た。》

この伝説には、太古からの信仰がいくつも合成されている。ドルメン、鹿、眠りのなかでのお告げ、病気快癒、真夏に降る雪……。大聖堂との関係にふれながら、それらの来歴を見ておこう。

†さまざまな信仰が重なって

もともとコルネイユ岩山の中腹は、泉が湧き出て、動物だけでなく人間にとっても貴重な場だった。巨石文明時代（紀元前四〇〇〇―前三〇〇〇）から聖所として尊ばれていたらしく、ドルメンが作り上げられた。ドルメンとは複数の巨石を支柱にして、その上に平たい岩石を机の天板のごとく乗せる墓のことである。部族長あるいは英雄の遺体が祀られたとされる。

紀元前五〇〇年頃から移り住んできた農耕民族のケルト人は、このドルメンを尊重しながら、岩山をケルヌンノス神の信仰の場にした（「コルネイユ」の名称は「ケルヌンノス」に由来）。この神は、鹿の角を生やした男神像としてよく表される。冬に抜け落ちて春に生え出す鹿の角のように生と死を繰り返す自然界の循環、その循環のなかでもとくに死から生への再生復活の動きを、そしてこれを可能にする自然界の生の豊かさを、ケルヌンノス神は体現している。その点でこの男性神は大地の豊饒を表す大地母神ともつながっていた。

古代ローマ時代になると、ここに大きな神殿が建てられ、泉はアポロンの泉として病気治癒の効果で注目された。中世になるとその泉は井戸に変えられて、大聖堂の中庭に囲い込まれる【図3－19】。その井戸の前の壁、つまり大聖堂東端の後陣の外壁には、古代ローマ神殿の石材が再利用されていて、泉を讃える文が彫り込まれた。一一世紀の碑文は、古代文明を尊重するかのように再利用の二つの装飾帯のあいだに、つまり上のケルトのS字模様の連鎖と、下の動物や植物そしてヘラクレスを彫り込んだ古代ローマの帯状装飾のあいだに、刻まれている。その文面はこうだ。「この泉は神のわざのおかげで病者の薬になる。ヒポクラテスの医術がうまくいかないときでも無償で人を救うのだ」。文中の「神のわざ」(ope divina) とは、アポロンのことなのだろうか、キリスト教神のことなのだろうか。それともその両方なのだろうか。

ドルメンのほうはどうなったのだろう。

古代ローマ人がこの地に神殿を建てたとき、ドルメンも大切にそのなかに取り込まれた。その前で「籠《こも》りの儀式」(incubation) を行なうためだった。この儀式は、夜中に神殿に籠って偉

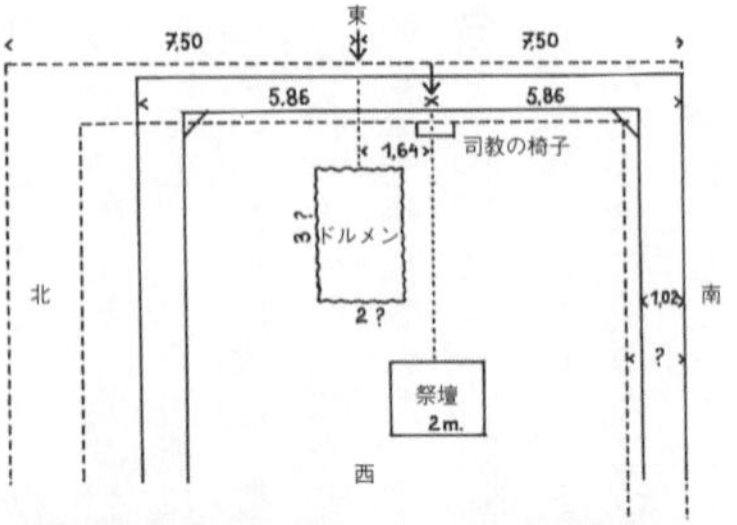

図 3-19　上図は 8 世紀以前のル・ピュイ大聖堂の後陣平面図。実線は幅 1.02 m の石の壁を表す。点線は 4 世紀末に取り壊された古代ローマ神殿の壁。大聖堂の壁よりも厚く、規模も大きかった。そのなかでドルメンは建物の中央軸線（東西）の上に位置していた。中世の大聖堂では司教の椅子と祭壇が軸線上に置かれたが、ドルメンはその近くで威容を誇っていた。Auguste Fayard, *Au Puy, la Vierge et le dolmen*, Les Cahiers de la Haute-Loire, 1978 より
下図はル・ピュイ大聖堂中庭の井戸。もともと泉があった。背後の壁の下段の帯状装飾は古代ローマ時代の狩猟の図。上段の S 字模様はケルト装飾の名残りと言われる。下図 Xavier Barral i Altet, *La Cathédrale du Puy-en-Velay*, Architecture-Skira, 2000 より

人や英雄の墓所で眠りにつき、治癒回復の占いや未来予測に関する神々のお告げを得るというものだった。中世ロマネスクにも継承されたが、その有り様はまさしく似て非なるものに変貌した。早い話、神も怒る中世の民衆の体《てい》たらくだったのである。

このドルメンは、八世紀以前の大聖堂内部にはそのまま教会堂の堂内に、それも後陣という重要な場所に残されていたのだが、八世紀には解体されて天板の石だけが床に置かれた。しかし巨石一枚だけになっても「熱病の石」「マリア出現の石」とのふれこみで、巡礼者が押し寄

図3-20　ル・ピュイ大聖堂、熱病の石。現在の大聖堂に置かれているドルメンの天板（縦1.15 m、横2.70 m）。「熱病の石」「聖母マリア出現の石」と呼ばれて巡礼者を集めた。11世紀に大聖堂の南側廊の敷石にされたときにこのように整形されたのだが（上）、8世紀以前にはオヴェルニュ地方セヌジョルのドルメンのような姿のままで大聖堂の後陣の祭壇近くに置かれていた（下）。Auguste Fayard, *Au Puy, la Vierge et le dolmen,* Les Cahiers de la Haute-Loire, 1978

せ、その前で跪いたり、石の上で寝転がったり、寝入ってマリアのお告げを待ったりで、内陣の祭壇での典礼に差し障るほどの賑わいになったので、一一世紀には祭壇から隔たった南側廊の敷石に組み込まれ（縦一・一五メートル、横二・七メートル、厚さはわずか一〇センチ）、その後さらに扉の外に置かれた。そうなると、奔放な性の寝台がわりに使われて、神の怒りを買い、雷が大聖堂に落とされたと一三世紀末の百科全書『道徳の鏡』には記されている。

　ともかくも現在では再び中央祭壇横の祭室に設置されている【図3－20】。その表面に刻まれた中世のラテン語文からは、異教の遺物を容認しつつキリスト教信仰に取り込もうとする教会側の意図がうかがえる。「この石に横たわり寝入る人々は病から回復する。それがなぜだかお

図3-21　ル・ピュイ大聖堂の「黒い聖母とイエスの像」と1550年頃に確認されたフランス国内における黒い聖母像の分布 Cassagnes-Brouquet, *Vierges noires*, éditions du Rouergue, 2000

前は知りたいのか。その効力は祭壇にこそ属する」。しかしその祭壇に赴いても、巡礼者は異教との混交像に出会い、広く深い宗教の世界を垣間見ることになる。

じっさい、祭壇に祀られていた荘厳のマリア像（聖母マリアが王妃のごとく椅子に座って子のイエスを膝に抱いている像）の顔は、どうやら一〇世紀からすでに黒く塗られていたらしいのだ【図3-21】。その黒は大地の色であること、そしてまた聖職者がディオニュソス信仰の名残りで赤ワインにつけてごしごし洗って黒くさせていたという解釈についてはすでに紹介しておいた。

†雪の聖母

さきほど紹介した美しい伝説のなかに、真夏に雪が降って聖母マリアの教会建設への願いが具体的に示されるくだりがあったが、これと似た話は聖母マリア教会の総本山、ローマのサンタ・マリア・マジョーレ教会にもあった。ル・ピュイと同じ一〇世紀頃に作られた話らしい。どちらが先かは分からないが、古代ローマから継承したロマネスク人の聖母への思いが読み取れる。もとをただせば、古代ローマの「籠り」での幻視があるのだろうし、聖母信仰の公認も古代ローマに発する。

ル・ピュイの古代ローマ神殿は、三九五年の異教禁止令にともなって、解体を余儀なくされた。しかしドルメンは残された。「籠り」の儀式が地元住民の重要な慣習として根づいたからだろう。神殿の跡地には、ドルメンを残存させる形で小規模な教会堂が建てられ、聖母マリアに捧げられた。五世紀、古代ローマ帝国末期のこととされている。おそらく四三一年のエフェソスの公会議でマリアが「神の母」(theotokos) とみなされ、聖母崇敬が正式に認められたことを受けての建設だったと言われる。

ローマのサンタ・マリア・マジョーレ教会堂は、もともと聖母マリア崇敬と関係なしにローマ教皇リベリウス(在位三五二―三六六)が建てた教会だったのだが、エフェソスの公会議を記念して四三五年頃に聖母マリアに捧げられた。そして一〇世紀には、その建設の起源自体をも聖母マリアに結びつける伝承が広まった。それによれば、三五六年八月四日から翌日にかけての夜、マリアが教皇リベリウスとローマの富裕者ヨハネの夢のなかに現れて自分のために聖堂を建てるように依頼したという。真夏だというのにその夜にはローマのエスクイリヌス丘に雪が降り、建設場所が知らされたというのだ。

†冬の旅――ル・ピュイのゴデスカルクス

ル・ピュイと過去の信仰との関係はこれくらいにして、今度はこの大聖堂からロマネスク時代以降の歴史の展望に目を向けてみよう。

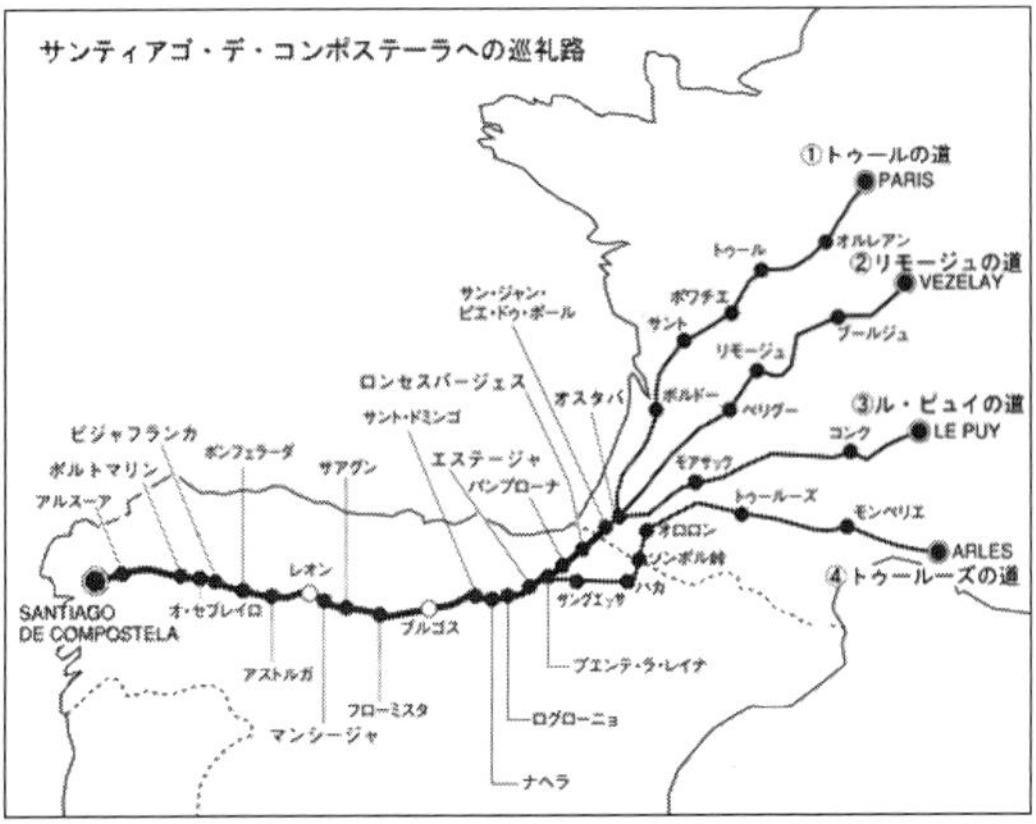

図 3-22　サンティアゴ・デ・コンポステーラ巡礼路、鯉田豊之『世界の歴史 9　ヨーロッパ中世』河出書房新社、1989 年より

ロマネスク時代の最初期の司教ゴデスカルクス（在位九三五―九六一）は、ル・ピュイ大聖堂を別の巡礼地と結びつけてこの母なる聖地をさらなる繁栄へ導いた。

別の巡礼地とはイベリア半島西北端の地サンティアゴ・デ・コンポステーラ（以下サンティアゴと略する）である【図3―22】。ル・ピュイは以後、フランスからこのスペインの辺境へ向かう四本の巡礼路のうちの一本の出発地に数えられていく（残りの巡礼路の出発地はパリ、ヴェズレー、アルル）。ル・ピュイはさらにまた西欧内陸のルートの中継地点になっていて、クリュニー修道院にもつながっていた。つまりクリュニー修道会とスペイン北部のキリスト教国の連絡路の中継地点、さらにいえば北部キリスト教国と戦闘状態にあった南部のイスラム勢力からの文明伝達路の重要な中継地点になっていたということである。この複数の重要性を持ったルートのパイオニアがゴデスカルクスだったのだ。彼は死の半年前、九六一年七月に、ル・ピュイのサン・ミシェル・デギーユ聖堂の献堂式を行なったが、大聖堂そしてこの奇岩に建つ聖堂に巡礼者が増加しだしたのは彼がサンティアゴへの巡礼を果たしたからなのである。巡礼者の増加に合わせてこの聖堂が改築されたとき、その扉口にコルドバの大モスクと同じ多弁型アーチが飾られるようになるが、これも、まさにゴデスカルクスが遠路への旅を決行したことに端を発している。

ただし彼のサンティアゴ巡礼は通常のそれとは趣を異にしていた。彼は従者をつれて馬で急遽このスペインの辺境へ向かったのである。それも真冬に。彼は九五〇年一二月に旅立ち、翌年一月には帰路についたらしい。

冬は旅に適さない。日照時間が短いだけでなく、命あるものが枯れていく死の季節だからである。シューベルト(一七九七—一八二八)の歌曲集『冬の旅』(一八二七)もそうだが、中世ではなおのこと、この季節に旅立つことは死出を意味していた。しかも、一〇世紀半ばの北部スペインは、南からイスラム勢力、北の海からはヴァイキングの襲撃にさらされていて危険な地域であった。巡礼路をつなぐ都市や村落も未発達、宿泊施設なども十分に望めなかった時代である。こうした状況で旅立つとは、よほどの急の事態がこの司教に出来《しゅったい》していたということなのだろう。それは何だったのか。

†スペイン王のために

スペイン北部のキリスト教国レオンの王ラミロ二世（在位九三一―九五一）の死期が迫っていたのである。サンティアゴへの途次、ゴデスカルクス一行が立ち寄ったスペイン北東のアルベルダ修道院の司祭修道士ゴメサヌスの言葉がそれを証している。

この修道院の蔵書は豊かで、フランスでも知れ渡っていた。ゴデスカルクスはル・ピュイの聖母マリア崇拝をキリスト教側から理論的に補強するために西ゴート王国時代のトレド大司教イルデフォンスス（在位六五七―六六七）の小著『三人の不信心者に抗する聖母マリア永遠処女性小論』の写本制作をゴメサヌスに依頼し、帰路再び立ち寄ってこれを受け取ったのだった。ゴメサヌスはゴデスカルクスの旅の理由が瀕死のスペイン王にあったことを次のように示唆している。

司教ゴデスカルクスはたいへん信仰の篤い方で、祈りを捧げるため、多くの従者を伴ってアキテーヌ地方を出発し、急ぎガリシア地方の西のはずれへ向かわれた。この祈りは、神の御慈悲と使徒ヤコブの御加護を謙虚に願うためであった。私、ゴメサヌスは、パンプローナ王国の東端、アルベルダ修道院に正規に属する司祭であって分不相応の身でありながら〔……〕、司教ゴデスカルクスに依頼されて、トレド司教イルデフォンススがかつて書いた小著を、心を尽くして筆写したのだった。この著作は、永遠の処女で、我らの主イエス・キリストの母であられる聖母マリアの処女性を讃えている。〔……〕
この上なく聖なる司教ゴデスカルクスは、一月という真冬に、このスペインの小著をアキテーヌ地方へ持ち帰られた。この年、九五一年は幸いのうちに過ぎ去りつつあったが、しかしガリシア王ラミロはまさにこの同じときに逝去なされたのだった。
（ゴメサヌスによる写本前書き）

ここで言われる「ガリシア王ラミロ」はレオン国王ラミロ二世のことである。この報告に関してはさらにいくつか補足すべきことがある。まず聖ヤコブについてだ。

†聖ヤコブ信仰

土地名のサンティアゴはスペイン語で聖ヤコブのことである。ヤコブはガリラヤ湖畔の漁師でイエスの弟子になった人だが、新約聖書のなかに目立った記述はない。そのヤコブの墓が、八一三年頃にスペイン西北端、ガリシア地方で当地の隠修士によって奇跡的に「発見」され、アストゥリアス国王アルフォンソ二世（在位七九一―八四二）によって「石と泥でできた小さな祠」が建てられた。「その数十年後にアルフォンソ三世（在位八六六―九一〇）が戦利品の大理石やモノリスを用いた立派な建物を再建した」（伊藤喜彦『スペイン初期中世建築史論』）。以来サンティアゴは、聖地になり巡礼の最終目的地になっていくわけだが、レコンキスタ（スペインのイスラム支配勢力に対する北部キリスト教国の失地回復戦争）の過程で聖ヤコブはスペイン・キリスト教徒の守護神にまつりあげられていった。イエスの弟子が白馬にまたがる騎士の姿に図像化されたりするのだが、そのモデルとしてラミロ二世が描かれることがあったのである。それほどにこの王はレコンキスタで武勲をあげたということだ。しかし国内の反対分子には身内であろうと残虐に対応した。両目をえぐり取って修道院に幽閉するなどしていたのである。

†聖俗の願いごと

中世の王侯貴族は「戦う人」であり、人間を殺害することで地位を確保していた。平時の「小さな罪」に加えて、「大きな罪」を犯すことが度々だったのである。ラミロ二世のように自分の権力保持のために親族に対してまで残虐に振る舞う者も多かった。ときには父親を、あるいは兄弟を、殺《あや》めることがあったのだ。こうした罪業ゆえに彼ら「戦う人」は死後の旅路が危ぶまれていたのである。罪を背負っていればいるほど贖罪に時間がかかり、神の国は遠のく。

より確実に罪を清めるためには「祈る人」すなわちキリスト教聖職者に祈りを乞うしかない。

死期の迫るなか、人一倍勇猛で残虐であったラミロ二世は贖罪の祈りを強く欲していた。罪を清めて神の国への旅を無事に果たすためには、守護聖人の聖ヤコブをして神に執りなしてくれるように念入りに依頼しておくことが急務だったのだ。ラミロ二世はそうした聖ヤコブへの祈願をアキテーヌ地方きっての高位聖職者であり祈りの専門家であり権威であるゴデスカルクスに頼んだのだ。

ラミロ二世の願いはもう一つあった。

当時、ル・ピュイはフランス南西部に広がるアキテーヌ公領に属しており、スペイン北部のキリスト教国は宗教だけでなく、政治と軍事に関しても、ピレネー山脈を挟んで接するこの地方の有力者に後ろ盾を求めるのを常にしていた。ラミロ二世もまた、俗界の要件でもアキテーヌの有力者の尽力を必要としていた。その要件とは世継ぎの問題である。

ラミロ二世の後継については、先妻の息子オルドーニョ三世と、後妻の息子サンチョ一世のあいだで継承権争いが危惧されていた。王は九五一年一月五日に退位し、その後まもなく死去した。後を継いだのはオルドーニョ三世で、この世継ぎがまがりなりにも円滑に進んだのは、王の生前退位を含め、ゴデスカルクスがスペインで交渉に当たっていたからだろう。

とは言え数年後には案の定サンチョ一世が王権を欲して騒ぎを起こす。サンチョ一世は念願をかなえたが、しかしあまりに肥満していたため馬にも乗れず、周囲の貴族から退位させられてしまう。「戦う人」として不適だったのだ。それゆえ彼はイスラム支配下のコルドバに赴いて名医から減量の処方を受け（四十日間、ハーブティーだけの絶食療法）、復位を果たしもするのだが、あえなく毒殺され、遺体はレオンの王室霊廟に眠ることになる。父王のラミロ二世をはじめレコンキスタに尽くした王族とともに、天井一面に描かれた壁画を棺のなかから仰ぎ見ることになるのである。ロマネスク美術を代表するこの壁画【図3-23】、とりわけ天井中央に描かれた《羊飼いへのお告げ》は彼らの祈りへの応答と言える。

図 3-23　スペイン、レオンのサン・イシドロ聖堂、王室霊廟天井画、11-12 世紀

　この名作の背景には宗教はもちろんのこと、政治、軍事、経済の新たな展開があった。最後に、それらを探って、ロマネスクとは何だったのか、その根本的なあり方を明らかにさせていきたい。

2　祈りのダイナミズム

†レコンキスタの新たな展開――レオンのフェルナンド一世

七一一年に北アフリカからジブラルタル海峡を渡ってイベリア半島に侵攻したイスラム勢力はまたたくまにキリスト教王国の西ゴートを滅ぼした。イスラムの支配を嫌ったキリスト教徒は北部のカンタブリア山脈以北へ逃げ込んだが、七一八年にはアストゥリアス王国を築き、七二二年にコバドゥンガの戦いに勝利して、イスラムへの反抗を開始する【図3-24】。いわゆるレコンキスタである。キリスト教側は徐々に失地を回復していき、九一〇年アストゥリアス王国は首都をカンタブリア山中のオビエドからこの山脈の南の麓《ふもと》のレオンに移して、レオン王国の名のもとに再スタートする。そのレオン王国は王妃サンチャ（一〇一八頃―六八）が東隣の広大なカスティーリャ伯領の宗主フェルナンド一世（一〇一七―六五）と結婚し、一〇三七年、フェルナンド一世を統一国王とする連合国レオン＝カスティーリャ王国を誕生させた。首都はそのままレオンだった。

フェルナンド一世（レオン王在位一〇三七―六五）は後世の人から名君と称えられるが、国内を平定するのには当初から困難を極めた。レオン王国の旧勢力にとってこの王は外様《とざま》の若輩《じゃくはい》にすぎず、反抗が繰り返されたのである。加えて旧カスティーリャ側でも親族の反乱が起こり、無慈悲な対応を余儀なくされた。彼もまた生前から贖罪のために「祈る人」の祈禱を強く必要としていたのである。ちなみに彼は二十八年の治世のうち、内乱の制圧に十六年を費《ついや》した。

8 世紀のイベリア半島（矢印はイスラムの侵入経路）

11 世紀のイベリア半島

図 3-24　レコンキスタの進展図、網がけの部分がキリスト教側の領土、西川和子『スペイン、レコンキスタ時代の王たち』彩流社、2016 年より

ではレコンキスタのほうはどうなっていたのかというと、幸いなことに、この間、南のイスラム側も内紛で苦しんでいた。統一的な支配政権であった後ウマイヤ朝が一〇三一年に崩壊すると、スペイン・イスラム世界はいくつものタイファ（小都市王国）に分裂し、弱体化の一途を辿っていたのである。一つのタイファ内で、あるいは隣接するタイファ相互のあいだで抗争が繰り返され、どのタイファも北部キリスト教圏に攻め上がる力をなくしていたのだ。

これを機にフェルナンド一世は新たな軍事政策に出る。それまでレコンキスタを進めてきたスペイン王たちが武勇を戦闘に差し向けて「戦う人」の本領を発揮してきたのに対して、フェルナンド一世は戦いを続行しながら、同時に戦わずに攻めるという曖昧な政策をとるようになる。

国内平定のめどがたった一〇五〇年代半ばから彼は、南に向けてレコンキスタに出て、イスラム小王国のバダホス、サラゴーサ、セビーリヤ、トレドなどに攻め入り、次々に勝利を収めるのだが、しかしその支配は巧みな非戦政策に徹した。領土化せず、つまり軍を常駐させ植民するというやり方をせず（それだけの人的資源がなかったのだが）、臣従化、すなわち小王国に対して緊急時の軍事的保護を保証する代わりに多額のパリアス（軍事貢納金）を支払わせるという政策をとったのだ。これにより莫大なイスラム金貨がレオン＝カスティーリャ王国の国庫に流入した。フェルナンド一世の息子で次の王のアルフォンソ六世（在位一〇六五―一一〇九）

も、同様の政策をとって成功をおさめ、イスラム金貨の収益は三倍近くの額に増大した。

この政策はイスラム社会に甚大な負担を強いることになる。とくに納税によってイスラム教徒から見ての異教の信仰の維持を許されていた人々において負担は増大した。ズィンミー（庇護民）と呼ばれた人々である。その内訳は、西ゴート時代からのキリスト教信仰をそのまま存続させていた人、イスラムの風習や文化を身につけたキリスト教徒いわゆるモサラベ、そしてユダヤ教徒である。彼らは、パリアスの負担をじかにかぶって、納税額を増やされた。これに耐えられずキリスト教圏へ逃げ込む者もいたし、規定に反する増税を課したイスラム支配者に反抗する者もいた。結局、この政策によりタイファ諸国から金も人も流出し、内紛まで生じてどのタイファも次第に衰退していった。対して北部キリスト教諸国は経済も文化も繁栄していく。レオン＝カスティーリャ王国は、宗教の面ではクリュニー会と関係を密にしながら新たな展開を見せていく。

†代禱

クリュニー会の特徴の一つは、王侯貴族など世俗の権力者と密接な関係を基盤にして発展したことだ。クリュニー会は、修道院改革の手本となるべく、世俗権力の介入を拒否し、ローマ教皇にのみ帰属することを謳い文句にしていたのだが、実質的には世俗の権力に依存するところが大だった。そもそも発足からして九〇九年（九一〇年とも）アキテーヌ公ギョーム一世がブルゴーニュ地方の所領を寄進し、初代院長にこの地方の伯爵家出身の聖職者ベルノンをつけていたのである。その後の院長も代々、地方の有力貴族や富豪の出身者によって占められ、新たに入会してくる若い修道士も、貴族の次男坊、三男坊など世継ぎにあぶれた者たちが父親の土地や財産をいわば持参金にしていたのである。

クリュニー会のもう一つの特徴として、聖俗の有力者に代理の祈禱《きとう》を行なって、その謝礼を同会の発展の財源にしていたことが挙げられる。クリュニー会は「祈りと労働」を基本にするベネディクト戒律を採用して、修道士の綱紀粛正に向かったのだが、修道士は貴族の出が多かったため、労働つまり農作業や牧畜の仕事を農奴にまかせ、祈りの儀式や環境を豪勢にすることに熱中する者が多かった。この祈りは本来、修道士自身の贖罪祈願であったはずだ。しかし彼らはいつしか祈りの専門家という立場を買われて有力者から祈りの委託を受けるようになっていったのである。

具体的には、「祈禱兄弟盟約」がクリュニー会を外部の有力者に結びつけていた。死去した人、あるいはこれから死んでいく人に代わって、修道院をあげて神に祈りを捧げ、死後、彼らの魂が煉獄《れんごく》（天国への途次にある浄罪の場）で罪を清めるのを助けるのである。この契約は、近年、研究者から注目されていて、たとえば関口武彦氏は、ドイツの専門家P・W・ヨルデンの一九三〇年の研究論文に典拠してこう語る。

クリュニー修道制の黄金時代が同時に死者記念制度の最盛期にあたっていたことを、最初に論じたのはヨルデンである。彼は、死者記念の慣行が修道院的敬虔の一表現たるにとどまらず、外部世界と密接なかかわりをもっていたことを指摘した。それ以来、クリュニーにおいて飛躍的な発展をとげた死者のための典礼の重要性が改めて見直されつつある。すなわち死者記念制度は、クリュニー修道士が聖俗界のために代禱に従事するといういわゆる祈禱兄弟盟約の所産だったのであり、祈禱兄弟盟約こそは「贖罪者の避難所」として名高いクリュニーと俗界を結びつける強固な紐帯だったのである。例えば、今に伝えられている六巻本より成る証書集が示すように、新興の騎士階層を含む多数の自由地所有者層からクリュニーに殺到した厖大な量の寄進は、クリュニーが執り成しのために彼らとのあいだに結んだ祈禱兄弟盟約を考慮に入れずしては理解することができない。

（関口武彦『クリュニー修道制の研究』二〇〇五年）

ル・ピュイ司教のゴデスカルクスはいわば祈りの出張のためにサンティアゴまで出向いたのだが、その後の世俗の有力者はクリュニー本山で豪華な典礼によって贖罪の祈りをあげてもらうことを欲した。そのなかでレオン国王のフェルディナンド一世、アルフォンソ六世親子の代禱依頼の寄進の額は群を抜いていた。「戦う人」の罪業、そしてイスラムからの収益がその源にあったのだ。ゴデスカルクスが先鞭をつけた巡礼路を遡って、大量のイスラム金貨がレオン王国からピレネー山脈を越え、ル・ピュイを通って、クリュニーの総本山へ届けられていたのである。

†建築資金を欲してスペインへ――クリュニー修道院長フーゴ

聖俗界の有力者は自分個人のために神への執りなしの祈りを欲し、クリュニー会は見返りの謝礼を期待してこの祈りの要請を積極的に受け入れていった。「祈禱兄弟盟約」に関する当時の文書には、ドイツの神聖ローマ皇帝やフランスの王侯貴顕に混じって、小国とはいえレオン＝カスティーリャ王フェルナンド一世とアルフォンソ六世の名もしっかり記されている。それもそのはずで彼らの貢納は継続的で、かつ巨額に達していた。フェルナンド一世は毎年イスラムのディナール金貨一〇〇〇枚を一〇五三年（一〇五〇年とも）から一〇六五年に没するまで奉納し続けた。その息子アルフォンソ六世は一〇七七年から納付額を二倍にすると院長フーゴに確約している。フーゴの期待は強く、アルフォンソ六世が一〇八〇年代後半に入ってイスラム征服の戦いで滞納すると、特使シグイヌスを送りつけて納付を催促したほどだ。「これに対して王は、〔……〕征服が終わり次第「あなたが建設する教会に援助の手をさしのべ、あなたの意志に最大限添うように努めたい」と述べ、シグイヌスに金貨一万タレントを持たせて帰国させた」（関口武彦、前掲書）。

第五代クリュニー修道院長フーゴ（在位一〇四九―一一〇九）は一〇八八年からクリュニー本院の二度目の再建を開始していた。いわゆる第三クリュニーの建設である。奥行き一八七メートル、南北の翼廊の幅八七メートル、天井までの高さ四〇メートルに達する大伽藍、一六二六年にローマのサン・ピエトロ大聖堂が再建されるまで西欧最大を誇ることになる教会堂が建設されようとしていた【図3-25】。院長はその建設資金のおよそ半分をスペイン王に仰いでいた。今や立場は逆転し、院長じきじきに金策にスペインを訪れ、資金の返礼としてアルフォンソ六世のために盛大な祈りの儀式を果たしていくのである。

フーゴは一〇九〇年にみずからスペインに赴き、アルフォンソ王と共にブルゴスで復活祭を祝った。この直後に王はフーゴにたいして倍額貢納金（金貨二千マンクス）を毎年支払うことを改めて約束している。フーゴは帰国するや、クリュニー修道士全員にアルフォンソ王のために代願祈禱をふやすように指令を出した。王は存命中、クリュニー会士のすべての善業にあずかること、三時課には王の勝利祈願のために〔旧約聖書の〕詩篇第二〇篇"Exaudiat

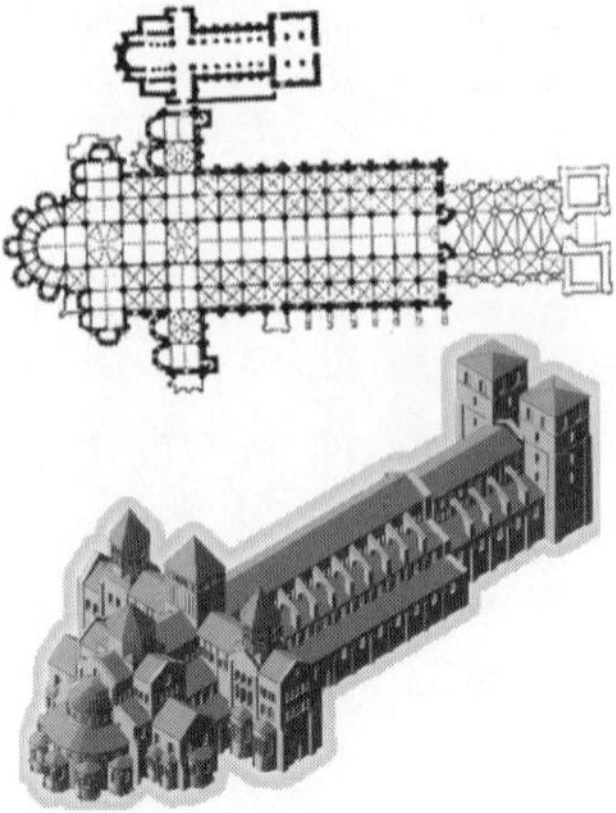

図3-25　第3クリュニー完成図。右図は1100年頃の聖堂身廊を描いた18世紀の版画

te Dominus”〔天が宣言する〕がうたわれ、大ミサには集禱文の一節“Quaesumus, omnipotens Deus”〔全能の神よ、どうかお願いします〕が特別に頌読されること、さらに毎日一名の貧者が給養されるが、聖木曜日には三十名、復活祭には百名の給養が行われることが定められた。また王の死後、彼の命日には〔神聖ローマ皇帝〕ハインリヒ三世と同様の行事が営まれ、王妃コンスタンシアについては皇妃アグネスと同規模の周年記念が営まれることも同時に規定された。一一世紀九〇年代に、クリュニーとレオン＝カスティーリャ王家の親密な関係は、その頂点に達したといってよい。（関口武彦、前掲書）

このような莫大な出費には個々の宗派とは関係のない根底的な宗教性がある。こうした祈りのダイナミズムの意味を少し考えてみよう。

†中世の「蕩尽」

儀式は出費をともなう。祈りは声を発してなされるわけで、身体上のエネルギーの消失をもたらす。この祈りの儀式が、多数の集団で何度も繰り返されたとなると、金銭面でも身体上においても、たいへんな消費が生じていたことになる。しかもその祈りは、死後の魂の浄罪といったまことに不確かな、果たされるかどうか分からないことに向けられていた。近代人の合理的な経済観からすれば、理解しがたい資源の無駄遣いである。その祈りの空間たる教会堂にしても、第三クリュニーのように大規模にしたところで贖罪の願いがかなえられるかどうかは分からないのだ。われわれの常識に照らすと、現代の高層建築の少なくとも八階分に相当する高さ四〇メートルの吹き抜けの空間は無意味な広がりにすぎず、事務室やブティック、あるいは教室を入れて有効に活用すべきだとなる。

フランス現代思想の草分けジョルジュ・バタイユ（一八九七―一九六二）の言葉を用いると、こうした成果不明の集団祈禱や教会堂建設は「蕩尽《とうじん》」（consumation）にほかならない。財やエネルギーの無益な消費なのだ。そしてバタイユが『呪われた部分』などで強調してやまないのは、大宇宙も、太陽の輝きのように無益な消費を大規模に行なっており、古来、人々はその無益なエネルギーの表出に魅せられ、これを崇拝し、宗教意識を育んできたということである。

この表出がたとえ嵐や過酷な熱射になって人的被害をもたらしても、人々はこれを神聖視し信仰の対象にしてきたのだ。人間の行なう戦争や略奪にすら神々《こうごう》しさを見てきたのである。そこに通常の人間の力を超える莫大なエネルギーが発露されていたからだ。その意味で、大規模な祈禱や聖堂建築は、大自然の暴威や人間の暴力といったエネルギーの直接的な「蕩尽」の代替表現だったと言える。非文明的な聖性を、文明の所作によって新たに甦らせる表現だったと言える。

教会堂のなかで修道士たちが一斉に唱える祈禱は、抑揚さえあって、合唱に似ている。「詩篇をうたう」とは言いえて妙で、ときに一人の僧の高らかな声が詩句ごとに音程を変えながら先導し、これに他の僧たちの圧倒的な音量が続き、やがて余韻を残して消えていく。祈りはこうして宇宙の奥行きを伝えていくのだ。人と自然の「蕩尽」はときに激しく、ときに穏やかで、暖かな陽光や優しい微笑となって現れるのであり、そうした文明の発達いかんとは関係のない生命の多様な表情が、中世の人々の心を深く打ち、新たな再表出へ駆りたてていたのだろう。人為を尽くした彼らの繊細で豪奢な文化の表現の動機《モチーフ》が、少くともその一つがここにありそうである。

中世の文化所産に対して、キリスト教の教義の再確認や古代文学の出典解明はもちろん大切だが、それとは別に、こうした宇宙の律動の再表現の深さと巧みさに触れることもまた魅力になっている。労働を嫌ったクリュニー修道士たちは神学の研究等の知的な労働も嫌ったわけで、その分、文明の知に過度に染まっておらず、非文明の宗教性に広く心を開いていた。すでに紹介したロマネスク時代きっての神学者クレルヴォーのベルナルドゥスのクリュニー批判からは、逆に、そうしたクリュニー会の人々の豊かな宗教的感性が見えてくるのである。クリュニー修道士の料理とワインへの嗜好は桁違いで、ベルナルドゥスの顰蹙《ひんしゅく》を買った。しかしそれは、非文明の生命の豊かな聖性を巧みに表出させた試みともとれるのである。料理もワイン製造も芸術的であり、さらにまた宗教的だということである。バタイユは一九四八年頃執筆の『宗教の理論』の末尾で一杯のグラスのワインを飲むことで宗教の根源の「内奥性」に至れるとしている。「内奥性」とは生の力が内部に閉じこもっていることではなく、逆に外部に開かれ、他のものと交わりに入るということである。ワインのもたらす酔いは、人と宇宙が「蕩尽」において根底的な交わりにあることを証しているところにあるとこの思想家は言いたいのだ。この交わりを意識することにこそ宗教の本質はあるのだ、と。

†クリュニーの現在とスペインの過去に開かれた政策

再びフェルナンド一世の政策に戻ろう。

彼はクリュニー会と関係を密に持ちつつ、同時にスペインのキリスト教の伝統へも理解を示していた。クリュニー会は一一世紀にピレネー以北の西欧の地で信仰と文化をリードしていたが、このスペイン王はそのクリュニー会に敬意を払いつつ、同時に西ゴート時代の聖人への畏敬をミサや聖堂で表そうとしていた。いわば西欧の国際性を肯定しつつ、辺境の歴史性を生きようと欲していたということだ。

彼は、一〇六三年にセビーリャに進軍したさいに、そのタイファからセビーリャ大司教イシドロス（在位六〇一—六三六）の聖遺物を譲り受け、王都レオンに持ち帰って、洗礼者ヨハネと聖ペラーヨに捧げられた聖堂に祀り、この聖堂の名もサン・イシドロ聖堂（イシドロはイシドロスのスペイン語名称）と改めたのである。ペラーヨ（九一一—九二五）は後ウマイヤ朝のアブド・アッラフマーン三世の迫害にあってコルドバで殉教した聖人で（一説によればこのイスラム権力者から肉体の奉仕を迫られ、これを拒み続けたことで殺害された）、その若さと信仰の篤さでレオンのキリスト教徒から崇敬されていた。ちなみに、その遺骨をコルドバからレオンに持ち帰ったのは、あのどこか憎めない肥満王、サンチョ一世だった。敬虔な人だったのかもしれない。

聖イシドロスの威光は西ゴート時代に遡り、レコンキスタの王たちの精神の拠り所であった。フェルナンド一世は、このセビーリャ遠征より前に、おそらく王妃サンチャの強力な要請があって、この聖堂の西正面に玄関廊（ナルテクス）を設け、そこを霊廟（パンテオン）にする建設を進めていた。レコンキスタに尽くした歴代の王族の棺を安置するためである。この霊廟が完成したのは、王と王妃が死したあとの一〇八〇年で、二人ともここに葬られ、定期的に西ゴート典礼で祈りが捧げられた。そして霊廟の壁面と天井にはこの典礼に呼応した聖書の場面がフレスコ画で飾られた。一〇八〇年から一一四九年までのあいだの制作とされている。

サンティアゴへの巡礼路を通って入ってきた、ピレネー山脈以北のロマネスクの美がそこに再現されている。フェルナンド一世もアルフォンソ六世もクリュニー会の修道士をレオン王国の修道院や教会堂に積極的に招いて、典礼から文字の様式に至るまで西欧化を進めるのに熱心だった。教会の建設や装飾に関しても、ピレネー以北からロマネスクの様式に熟達した職人がこの巡礼路を通り、スペインの北部に入ってきていた。西ゴート典礼や西ゴート文字に執着する伝統主義のスペイン聖職者にとって、これらクリュニー修道士や職人のもたらすものは、外来の権威と映っていたのかもしれない。しかしロマネスクは柔軟で、境界が曖昧な様式である。新たな規範の到来と考えるよりも、異種のものに開かれた新たな美意識の襲来と捉えたほうがいいのかもしれない。

†ロマネスクの天蓋の下で

一一〇〇年頃になってもレオン王国の首都レオンの人口は一五〇〇人程度で、一〇万から二

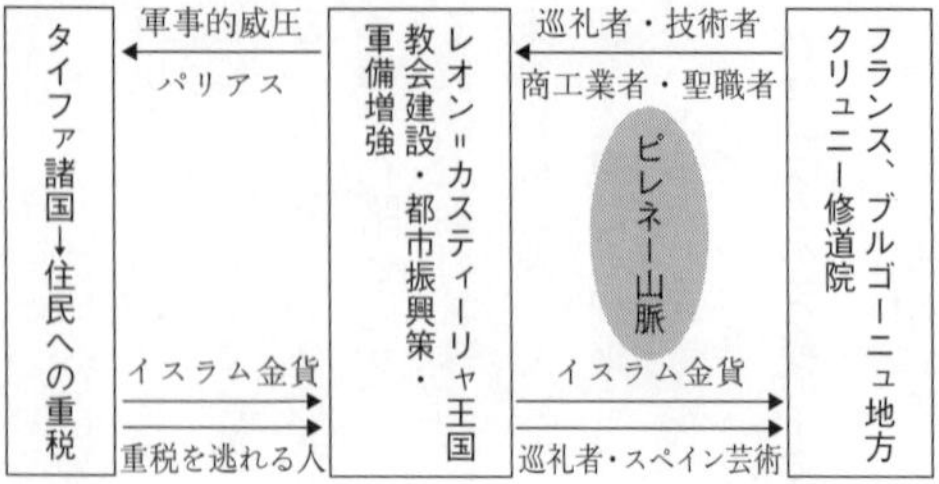

図3-26　レオン＝カスティーリャ王国を中心にした人と金の移動図

〇万の人口を誇るイスラムのコルドバの比ではなかった（伊藤喜彦『スペイン初期中世建築史論』）。しかしレコンキスタの進捗によって拡大したレオン王国の領域、つまりドゥエロ川北岸域からカンタブリア山脈に至る広大な地域には、フェルナンド一世とアルフォンソ六世のパリアス政策の影響で南のイスラム圏の支配を逃れてきた人々が移り住むようになっていた。伝統的なキリスト教徒、モサラベ、ユダヤ人などで、その職種も多様で、聖職者もいれば農民もいたし、商人もいた。他方で、東からは巡礼路沿いの小都市や修道院に、クリュニー修道士をはじめ、教会建設を請け負う職人グループ、装飾を担当する絵師の集団、さらに交易に携わる商人や運搬人、縁日を楽しませる大道芸人らが入ってきていた【図3－26】。

王都レオンのサン・イシドロ聖堂霊廟のフレスコ画（図3－23、二四一頁）は、このような南と東からの多種多様な人間の流入と混交を時代背景にしている。そのせいで表現も過剰で流動性に満ち、なおかつ新たな傾向を示す。
壁面に、天井に、天井を仕切る半円形のアーチに、これでもかというほどの数の図像が躍動している。九〇〇年代のベアトゥス写本（八世紀後半、北部スペインのリエバナの修道院でベアトゥスが制作した「ヨハネ黙示録」の注釈書を筆写した一連の写本のことで、美しい挿絵で知られる、二七二頁参照）のそれと比べると人物の表現は固さが取れ、表情や仕草に生命感が出ている【図3-27】。実際の人間の姿に似てくるのだが、しかし外見に忠実な古代ローマの写実主義・自然主義・再現主義に服したというのではない。ローマと似て非なる表現なのだ。全身が異常に長かったり、手のひらの大きさ、指の長さがアンバランスなほどに強調されている。動物たちの顔も化け物に近い。色彩は、白の下地の上で褐色、朱、濃い青、黒などの強い色が淡い黄色、

▲図3-27　ベアトゥス写本の人物像。バルカバード本《ノアの箱舟》の人物像、「丸い目に黒点の瞳」に画一化されている

▼図3-28　レオンのパンテオン、《栄光のキリスト》

薄い緑色とコントラストをなして、図像の豊かさと動きを際立たせている。ベアトゥス写本の強烈な色彩感覚を継承しながら、図像と融合して、その多様な輪郭線をよりいっそう強く息づかせている。

とくに《栄光のキリスト》の天井画がそうだ【図3－28】。四隅に各福音書家を獅子（マルコ）、牛（ルカ）、人（マタイ）、鷲（ヨハネ）の顔で象徴的に表し、大きな波形の雲の切れ間を外枠にして中央にもう一度雲の切れ間を描き、その内側には細かい波線のアーモンド形の輪郭（いわゆるマンドルラ）を描いて、イエスを濃い青の宇宙のなかに登場させるのである。世界を終わらせ、最後の審判をすませたあとに、この世にもう一度現れるイエス、再臨のイエスの姿だ。手に持つ書物が逆遠近法で描かれ、開かれた紙面の「我は光なり」の文字が、イエスが見るままこちらに見えて、この世を光の世に変えた栄光の源が神とイエスにあることを証し立てている。

†《羊飼いへのお告げ》

この二度目のイエスの到来図が、イエスの最初の到来を告げる図像と隣接する。多くのロマネスクファンを感動させてきた《羊飼いへのお告げ》の天井画だ【図3－29】。ベツレヘム近郊の羊飼いたちに天使がイエスの誕生を告げる場面である（「ルカ伝」二―八～一五）。柱頭から天

図3-29　レオンのサン・イシドロ聖堂、王室霊廟天井画《羊飼いへのお告げ》、11-12世紀

井へ湾曲して伸びる建築の動きに沿って、左上にいる一人の羊飼いが画面中央に向けて角笛を鳴り響かせる。犬にミルクを飲ませるもう一人の羊飼いは波のように隆起した丘の上に腰掛け、三人目の羊飼いが長い杖を斜めに持ちながらシュリンクス（パンの笛）を吹き奏でる。息吹きは霊の思想の源だ。角笛もシュリンクスもその響きは羊飼いの霊を乗せ、樹木を息づかせ、動物たちを自在に遊ばせる。二頭の山羊が後足で立って、長く伸びた角を絡ませている。牛が樹葉を食《は》み、羊が角笛に耳を傾け、次々降り落ちる木の実を豚が見上げては口に入れる。豚を禁食とするユダヤの地ベツレヘムの野に豚はいたのだろうか。人々はこんなふうに楽しげな光景を眺めていたのだろうか。ここに描き出されたのはベツレヘムでありながら、ドゥエロ川北岸の平原なのだろう。キリスト教徒

の入植者が命をかけて農地を拓き、牧畜に精を出してきたところだ。それが今、好日を迎えている。こうしてこの世があの世になりうるのだと、この牧歌的な天井画は伝えたがっている。

画面の端から身を伸ばす天使が上目遣いのその目線でさらに先の再臨のイエスを指示しているのは、この光景が栄光の図とつながりのあることを、ポスト終末の光景がこの《羊飼いのお告げ》の眺めであることを暗示しているのだろう。その天使はまた足元に両手を差し伸べて、隣のイエスの降誕の図を指し示す。イエスの生涯の発端がそこに描かれているのだ。そこからイエスは一連の地上での生涯を送り、天に昇り、そしてまた終末後に地上に現れるわけだが、再臨の彼の眼下に広がるかつてのこの世の光景は、今や神の全能の力であの世のごとく光溢れる世に転じていた。いや神の力だけではない、自然の力もまたこの世の豊饒に寄与していたのだ。

自然界は春夏秋冬を繰り返し、発芽と実り、誕生と死を反復させる。ロマネスク文化は、キリスト教文化とは言え、そうした自然界に根を下ろして成長したわけで、教会堂に残された時と歴史の表現も、神学者たちの思念したような直線的な発展ではなく、円環を描くことが多い。その円環表現がここレオンのパンテオンでは、同じことの反復ではなく、より多くをもたらす差異の反復になっている。

《羊飼いへのお告げ》の天井画にかかる半円形アーチの内腹面には中世の農民たちの十二ヵ月

の生活が順を追って描かれている。彼ら農民たちは、年ごとの反復のなかで、自然界が同じことを違うふうに、余剰をもたらすように、反復させていることを肌身で感じていたのではあるまいか。もちろんその余剰は人にとって幸福な場合もあるし、そうでない場合もある。

中世中期の西欧において人口の九割以上が「耕す人」つまり農民だったことの意義は大きい。レオンの王族も聖職者も、巡礼路を行き交う商人も職人も、自然界の反復と余剰への感性を農民と何らか共有していたと思われる。自然界を超えた神の全能を自然界に開かせ、《栄光のキリスト》を《羊飼いへのお告げ》に接続させる敢為《かんい》こそロマネスクなのだ。直線的な神の計画の時間流を循環へ転じさせ、しかも出発点への回帰を豊饒化させたのはキリスト教文化が大地に根ざしていたからなのである。

†闇のなかでの祈り

レオンの王朝霊廟は東西一一メートル、南北一〇メートルの広がりで、その天井はアーチによって六つに仕切られている。壁面は九つに分けられ、天井と合わせて一五の面に福音書と「ヨハネ黙示録」の場面が描かれた。西ゴート典礼ではこれをイエスの受肉から再臨まで九つのテーマに分け、司祭がそれぞれのテーマのフレスコ画の近くで聖体のパンを割いては祈りを捧げて移動した。死した王族の魂をイエスの肉体につなげ、天上に昇っていけるようにするためである。あのラミロ二世もここに眠っている。「白馬の騎士」の聖ヤコブのモデルだ。彼の後妻の子、あの肥満王サンチョ一世もここに眠る。王妃サンチャの墓碑銘はこうだ。「全スペインの女王にしてフェルナンド大王の妻、アルフォンソ〔五世〕王の娘サンチャがここに横たわる。彼らこそ、アル・マンソールの破壊のあと、レオンを人の住むところに変えたのだ」。後ウマイヤ朝の武将アル・マンソールはその名「神による勝利者」が意味するとおり、レオン王国など北部のキリスト教国の都市や修道院へ一〇世紀末から一一世紀初頭にかけて再三にわたって襲撃をかけ、これを成功させたのだが、この「ジハード」（聖戦）のダメージにもかかわらず、一一世紀にはレオンの首都も王国も、人の住めるところとなり、多くの人が行き交うようになった。この繁栄に導かれて、王朝霊廟はできあがった。しかしそのフレスコ画の美は、彼ら権力者の政治的意図からさまよい出ている。ローマともカロリング・ルネサンスとも違う、さりとて西ゴートともアラブとも特定できない、豊饒な生を表している。

一二世紀、昼なお暗いその堂内で司祭は、ロウソクの灯りで一区切りごとに天井画や壁画を浮かび上がらせ、床一面の棺に眠る王たちの魂に呼びかけていたのだ。棺の底に横たわって天井を見上げる彼ら死者たちの魂は、煉獄での清めとはまた別に、浮かび上がる図像の豊饒に、その躍動に、そして自然界の生成の豊かさに呼応して深い宗教の「交わり」に入っていたのかもしれない。

†ある思い

私は堂内の案内人がほのかに照らし出すロマネスクの天蓋に見とれながら、ある思いにふけっていた。かつて訪れたラスコー洞窟の光景を思い出していたのである。あのときも案内人が旧石器時代の明かりそのままに動物たちの図像を浮かび上がらせていた。狩猟文明のさなかにあって、洞窟の奥深くは文明の外部であり、壁画を前にしての祭儀も狩猟成就への願いとは関わりなく、つまり捕獲の主たる対象であったトナカイとは別の動物たちに捧げられていたのである【図3-30】。ラスコーの洞窟に牛や馬の躍動する群れを描いた絵師たちは、信じがたいことに、ピレネー山脈を越え、カンタブリア山脈まで広がる芸術圏を築いていた。今日の考古学者が、フランコ・カンタブリア美術と名付ける文化である。人類は人間として生誕した一万七千年前からもうすでに文明の外の生に、その豊饒に、宗教を感じていたのだろう。そしてそれを天変地異や戦争とは違う形で再現をしたがっていたのだ。この深い宗教表現の知恵がカンタブリアの麓のロマネスクにも息づいていると私は思った。

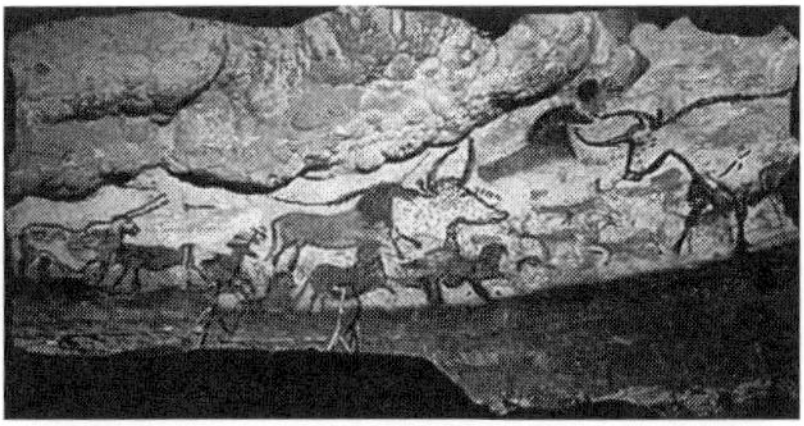
図3-30　ラスコーの動物図像

結びにかえて——語りそびれたことなど

†英仏海峡にて

異なるものとのつながりを求めてさまよう。

本書は、このような定めない動きに中世ロマネスク文化の特徴を見てきた。ここでは、この特徴への理解の一助とすべく、本文で語りそびれたいくつかの表現物や光景を補足しておきたい。

まずラヴァルダンのヒルデベルトゥスである。

このル・マン司教が、西暦一一〇〇年の一二月にローマを訪れ、その遺跡の彫刻に中世人らしく職人たちのわざの素晴らしさを見て詩をしたためたことは第3部第2章第1節で紹介した。じつはその前年の冬に彼は運命の女神のわざに翻弄されて、ロンドンへ流謫《るたく》を余儀なくされていたのである。

ル・マンは北西フランスの小都市で、当時は村落に近いほど過疎に沈んでいたが、交通の要衝であったため、地方権力者の争奪の的になっていた。一〇九八年、イングランド王でありノルマンディー公であったウィリアム二世（王位在位一〇八七―一一〇〇、一〇六六年の「ノルマン・コンケスト」によりノルマンディー公はイングランド王を兼ねていた）とメーヌ伯エリーがその争奪戦に入り、ル・マンは結局、前者ウィリアム二世の支配を受けるようになった。しかしこのときの戦いで市街の大半が焼き払われ、司教ヒルデベルトゥスも、メーヌ伯に協力したとの冤罪《えんざい》をかけられてロンドンに連行され幽閉されたのである。司教はこの不運をそのまま「エグザイル」（流謫）と題して哀歌に謳いあげた。そこにはフォルトゥナへの畏敬の念が読み取れる。

フォルトゥナは自然界の気まぐれな動きを体現した異教の女神であり、ヒルデベルトゥスはこの運命の女神に翻弄される自分の身の定めなさ、弱さ、はかなさをこのエレジーで嘆いている。しかしけっしてこの自然神を呪うことはしない。最後の数行でフォルトゥナをも支配する存在としてキリスト教神に讃辞をおくるが、しかしこの哀歌を誉れ高い名詩にしているのは、気まぐれな異教の女神がじかに姿を現わす、真冬の荒海の場面なのである。エグザイルのさなかの命からがらの光景だ。英仏海峡を渡る船に乗せられた司教の眼前で、文字通り目と鼻の先のイングランドはあまりに遠くに感じられた。

港は遠かった。

一陣の荒ぶる風が海を持ち上げたかと思うと、暴風が海面を膨らませた。

嵐は激しくなり、船はその玩具になった。

波浪が怒って口を開け、帆から雨水が溢れ落ち、漆黒の闇が陽を隠す。

風と潮はその渦で、波と雲はその衝撃で、大空はその稲妻で、我々に希望のすべてを捨てよと迫ってくる。怒りという怒りが我々のもろい船に向けられ、害になりうるあらゆるものが我々に差し向けられた。

冬が逆巻き、舵手は青ざめ震えて、魚の餌食になるのを恐れる。

嵐が波を星にまで高めるなか、後尾をなくした船は対岸に打ちつけられた。


（ラヴァルダンのヒルデベルトゥス「エグザイル」）


英仏海峡とは、まさに陸と島の「間《はざま》」であり、危険な地帯である。人間を滅ぼす自然界の力が激しい海流や気流になって押し寄せてくるところなのだ。中世ロマネスクの人々は直接目には見えないこうした力を恐れ敬って、このように詩に表現したり、奇怪な生き物の姿に仮託して教会堂の柱頭に再現してみせた。

と同時に彼らは、この力から自分たちを守ろうともしていた。そのさい、この力を真似て、この力へ差し向けるというやり方をとった。「毒をもって毒を制す」ということだが、これも、畢竟《ひっきょう》、この力への敬意の表れとみなすことができる。自然界の「毒」を模倣するとは、この「毒」の威力に一目置いていることであり、これを人為によって返すとは一種の返礼ともみなせる。屈折してはいるが、つながりを求めての所作だとさえ言える。たとえ彼らが、キリスト教の教義に従って自然界の「毒」を悪魔や邪鬼という否定的な表象に置き換えていても、それは表面的なことであって、根底では自然の力を敬っていたのである。英仏海峡のもう一つの光景でこれを確認しておこう。

†「ノルマン・コンケスト」と「バイユーのタピストリー」

ラヴァルダンのヒルデベルトゥスを幽閉したウィリアム二世の父親ウィリアム一世は、フランスにおいてノルマンディー公ギョーム二世であった時代に「ノルマン・コンケスト」を達成し、これによりイングランドの王位についた人である（在位一〇六六―八七）。

「ノルマン・コンケスト」とは、ノルマンディー公ギョーム二世が自分のイングランド王位継承権の正統性を主張し、サクソン人ハロルドの王位継承を不正とみなして、イングランドに攻め入り、ハロルドの軍勢を破ってイングランドを征覇した事件をいう。一〇六六年、ロマネスク時代のさなかに起きている。ギョーム二世から見てこの軍事行動を正当化する根拠は、一〇六四年に彼が自分のイングランド王位継承をノルマンディーのバイユー大聖堂の聖遺物の前でハロルドに誓わせたことにある。一〇六六年一月四日エドワード懺悔王《ざんげ》（在位一〇四二―六六）が死去するとその翌日にハロルドはイングランドの王位についたが、これは、ギョーム二世からすれば神への背信行為にほかならず、その治世は悪い世でしかない。自分のイングランド侵攻はキリスト教の善き世を実現するための正しい行為となる。彼は、この解釈とともに、征服後のイングランドのキリスト教化を確約して、ローマ教皇の支持をとりつけた。もはや聖戦の構えは整い、彼の軍勢は、一〇六六年九月二七日から二八日にかけての夜、英仏海峡を渡り、一〇月一四日にヘイスティングスの戦いでハロルドの軍勢を打ち破ったのである。

この顚末《てんまつ》を描いたのが「バイユーのタピストリー」だ。縦幅は五〇センチながら、横が七〇メートル有余の長大な帯状の歴史図像である。ロマネスク美術の紹介本で必ずと言っていいほど取り上げられる、みごとな文化所産だ。ギョーム二世の異父弟、バイユー司教のオドンが注文主で、イングランドのケントで（あるいはフランスのノルマンディーで）制作されたらしい。一〇七七年七月一四日、ロマネスク様式で再建なったバイユー大聖堂の献堂式で、司教オドンが、今やイングランド王になって久しいウィリアム一世に捧げたと言われる。

タピストリーと呼ばれているが、作りはタピストリー本来のつづれ織りではなく、麻の白地に多色の毛糸で図柄が刺繡されている。深い緑と赤などその色彩のコントラストが美しく、目を瞠《みは》る。帯の全体は、事件の推移に従って五八の場面が左から右へ展開している。なかでも壮観なのは、ギョーム二世の船団が海峡を渡る場面だ。横長の帯の作りを活かして効果的に紹介されている【図結－1】。

図結－1　バイユーのタピストリー、第38場

†聖戦のなかの異教信仰

「ノルマン・コンケスト」のノルマンとは「北方の人」を指し、狭義には北欧のヴァイキングを意味する。八世紀から一〇世紀にかけて、スカンジナビア半島沿岸、ユトランド半島沿岸から船で南下して西欧世界を荒らし回った海賊だ。中世初期の西欧文明を停滞させた張本人である。河口から大河を遡り、支流にまで進んで都市や修道院を略奪し破壊した。

しかしそのなかの一派は九一一年、西フランク王シャルル三世（在位九一一―九二三）から劫掠《ごうりゃく》の停止を条件に北フランスの沿岸地域を封土として与えられ、ノルマンディー公国をスタートさせた。定住化して百五十年たったギューム二世の代でも彼らの航海術は健在だった。イングランドへの上陸作戦を敢行するさいにバイユー司教オドンは、リールボンヌの宗教会議で一〇〇艘もの船を諸侯に用意すると誓った。そしてじっさいにそれらの船で兵士、騎馬、武器、食料を大量にイングランド沿岸

図結-2　オスロ博物館のヴァイキング船（左）と船首の模写（右）。大蛇の頭部がイメージされている

へ運ぶことに成功している。

タピストリーを見る限り、その船は現在ノルウェーのオスロ・ヴァイキング船博物館に展示されている八—九世紀の埋葬用の三艘とよく似ている【図結-2】。船長二〇メートル有余、横幅は四〜五メートルで、威容を誇る。船底は浅く、浅瀬でも航行可能だった。帆とオールの両方が使用でき、船足は速い。興味深いのは、イングランド沿岸に近づくと、ギョーム二世の船団が船首の龍の像を取り外していることだ【図結-3】。

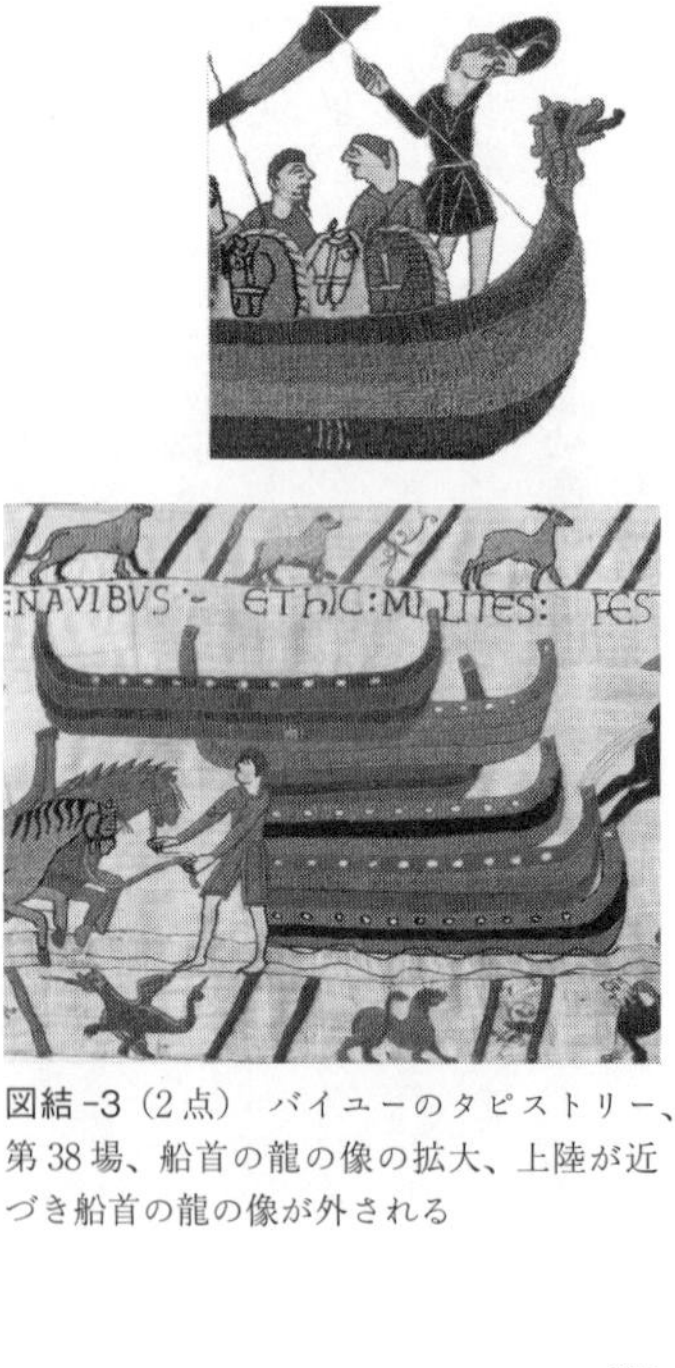

図結-3（2点）　バイユーのタピストリー、第38場、船首の龍の像の拡大、上陸が近づき船首の龍の像が外される

これはなぜなのか。

二〇〇七年、バイユーで開かれた国際シンポジウムで古代・中世スカンジナビア文化の専門家が発表した研究が参考になる。それによれば、ヴァイキング船はもともと海を泳ぐ大蛇あるいは龍がイメージされていて、先端にはそれらの頭を表す恐ろしげな彫刻が取り付けられていた。その表情は、目を剝《む》き、口を開け、長い舌を出して、前方や周囲の海の世界を威嚇する。だが上陸が近づくにつれ、その効果で陸地の守護霊たちを恐怖させ、混乱させて、天変地異を招きかねない。上陸後のヴァイキングはその犠牲になることを恐れた。したがって、沖合から接岸地域が見えると船首の像を取り外すことがヴァイキングの掟として定められていた。ギヨーム二世の船団もこうしたヴァイキングの習慣に従っていたというのだ（フランソワ＝グザヴィエ・ディルマン「バイユーのタピストリーの船首像と古代スカンジナビアの航海の伝統」、『バイユーのタピストリー――ヴァイキング時代の一年代記？』二〇〇九年）。

英仏海峡はほぼいつも荒れている。ギヨーム二世の船団も出発を延期したり、途中で引き返したり、手をやいた。そこは自然界の運命の女神フォルトゥナをはじめ海神や風の神が猛威を奮う場なのだ。海峡を渡る船は大蛇や龍になって、猛り狂う異教の神々と同じほどの力を放たねばならない。そして陸に上がっては森や大地の精霊と穏便な関係を取り結ぶことが求められていた。ギヨーム二世の軍勢にとってキリスト教は王位奪還と征服行為を正当化するための政治・軍事上の方便でしかなく、切実だったのは自然界の霊力とのやりとりだったのだ。キリスト教の聖戦において、キリスト教が嫌う大蛇や龍が船に成り変わることを彼らロマネスク時代の「戦う人」は真剣に欲していたのである。

†ベアトゥス写本の陽気な龍

キリスト教の文献のなかで、龍をことさらに悪の権化として登場させるのは「ヨハネ黙示録」を嚆矢《こうし》とする。そしてこれを華々しく図像化したのが九〇〇年代半ばからスペインで制作された一連のベアトゥス写本の挿絵である。七〇〇年代後半にスペイン北部、カンタブリア山脈の只中のリエバナ修道院でベアトゥスが著した『「ヨハネ黙示録」註解』はその後、様々な修道院で筆写されたが、現存する四一本の写本（断簡を含む）のうち、とりわけモーガン本（ニューヨークのピアモント・モーガン図書館の所蔵であるためこう呼ばれる）においてマギウスなる大絵師が描いた挿絵は傑作とされる。龍の図像では、見開き二面にわたる「女と龍」の場面が目を引く【図結－4】。

「ヨハネ黙示録」は、おそらく紀元一世紀末、ドミティアヌス帝（在位八一―九六）の迫害が強まるなかで制作された。エーゲ海に浮かぶパトモス島のヨハネが、小アジア（現在のトルコのあたり）の教会に向けて信徒を激励するために、夢のなかで見た神の歴史計画とその実現を語り伝える設定である。善と悪の対比が明確で、善の側（天上の神、その使いの天使）が悪の側（ローマ帝国とおぼしき地上の勢力）を滅ぼしにかかる。

「女と龍」の場面では善の代表として「身に太陽をまとい、月を足の下にし、頭には一二の星の冠を被り、子を身ごもった」一人の女が現れ、悪の代表として「火のように赤い大きな龍」が登場する。その龍には「七つの頭と十本の角があって、その頭に七つの冠を被っていた。龍の尾は、天の星の三分の一を掃き寄せて、地上に投げつけた。そして龍は、子を産もうとしている女の前に立ちはだかり、産んだら、その子を食べてしまうとしていた」（「ヨハネ黙示録」一二―一～四）。男の子が生まれ、天上の神の座へ召される。女は荒野へ逃げた。やがて「天で戦いが起こった。ミカエルとその使いたちが、龍に戦いを挑んだのである。龍とその使いたちも応戦したが、勝てなかった。この巨大な龍、年を経た蛇、悪魔とかサタンとか呼ばれるもの、全人類を惑わす者は、投げ落とされた。地上に投げ落とされたのである。その使いたちも、もろともに投げ落とされた」（「ヨハネ黙

図結-4　ベアトゥス写本モーガン本挿絵「女と龍」全体図

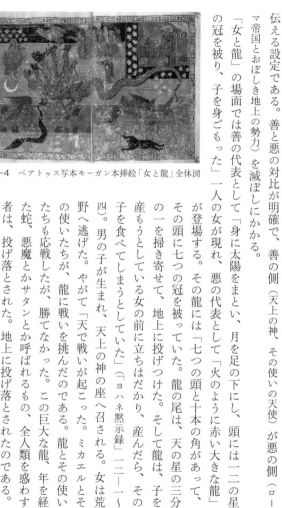

図結-5　ベアトゥス写本モーガン本挿絵「女と龍」、堕地獄の部分(図結-4の右図拡大図)

示録」一二―七〜九)。

マギウスはこの場面をまるで龍が主人公であるかのごとく大々的に、かつ生き生きと描いた。巨大な龍とは言え、精神的な価値の偉大さで図像の大きさが決まるのが中世である。「ヨハネ黙示録」の勧善懲悪の趣旨からすれば、善の側の「女」や天使ミカエルの軍勢がもう少し大きく描かれてもよさそうである。龍にしても退治されて滅んでいくネガティフな姿で描かれてしかるべきだろう。しかしマギウスの描く龍は陽気で、どこか人懐こくすらある。そして天使や人間の顔が丸い目に黒点の瞳という初期ベアトゥス写本特有の硬直した表現で統一されているのに対して、七つ龍の表情は柔軟で変化がありロマネスクの息吹きを感じさせる。さらにまた、右下の地獄にこれから落とされる女性に至っては、天使に上から押されるその尻の割れ目まで細かに描かれていて、ユーモラスだ【図結-5】。

画面全体に「遊び」が感じられる。「ヨハネ黙示録」の厳格な善悪の価値観から解かれて、マギウスは自由に、のびのびと表現に向かっている。この表現の解放感は、そのあとのバルカバード本、ウルジェイ本に継承されていく【図結－6】。大絵師マギウスを手本にして、これを模倣したからそうなったとも言えるが、龍の表現はよりいっそう自由で、劇的で、躍動感に満ちてくる。この表現の自由は何に起因するのか。一つ考えられるのは、制作された場所が「間《はざま》」にあったことだ。死の脅威が迫る生の空間だったということである。緊迫した状況であるのに、人々が楽しげに善悪の設定を超えていくところに中世の魅力があり、なおかつ宗教そのものの本質がある。

図結-6　ベアトゥス写本バルカバード本（上）およびウルジェイ本（下）の挿絵「女と龍」全体図

†スペインの「間」

マギウスが九四〇年代（あるいは九六二年頃）にベアトゥス写本モーガン本を制作したのはタバラ修道院とされる。首都レオンからかなり南の、ドゥエロ川近く、イスラムとの国境付近だった。彼にこれを依頼したのは首都から東南

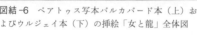

一〇キロにあるサン・ミゲル・デ・エスカラーダの修道院長ヴィクトールだった。続くバルカバード本は、マギウスの系譜にあるベアトゥス写本で、九七〇年にオベーコなる写字生が挿絵も担当してサン・ミゲル・デ・エスカラーダからさらに東南のバルカバード修道院で完成させた。ウルジェイ本も同系列の写本で九七五年から一〇〇〇年のあいだに制作された。正確な制作地は不明だが、レオン国内、おそらくバリャドリードである可能性が高い。バリャドリードの領主がウルジェイ（正確にはセオ・デ・ウルジェイ、スペイン北東部カタルーニャ州の都市）の司教にこの写本を贈呈しているからだ。バリャドリードはドゥエロ川中流域に位置し、そこもまたイスラムとの国境のごく近くだった。

国境といっても明確な線引きがなされていたわけではない。ゴデスカルクスが臨終に立ち会ったあのラミロ二世（在位九三一―九五一）の武勲があって、レオン王国の支配地はドゥエロ川の沿岸域にまで広がったが（図3-24、二四三頁を参照）、これは見かけだけのことでしかない。伊藤喜彦氏はスペインの研究者カベロの言葉を引用して端的にこう言い切る。「一〇世紀のレオン王国は「防衛は困難、境界は不明瞭、軍備は脆弱な、〔中略〕物理的のみならず人的にも流動的な辺境空間」であった」（伊藤喜彦『スペイン初期中世建築史論』）。まさにロマネスク的な曖昧な空間だったのだ。とりわけレオン王国の南部、つまり首都レオンからドゥエロ川沿岸までの地帯は、レコンキスタの主戦場であり、つねに死の脅威にさらされていた。生と死の境界領域だったのだ。この大河の南からイスラム勢力が北上して頻繁に侵攻を繰り返していたのである。とりわけ一〇世紀の半ばからはそうだった。

具体的に言うと、スペイン・イスラムの後ウマイヤ朝は、九世紀末から一〇世紀初めにかけて国内の混乱で北部キリスト教圏への遠征をいったん取りやめていたが、アブド・アッラフマーン三世がイスラム国家の最高指導者の地位カリフにつくと（在位九二九―九六一）、北部遠征を毎年夏の聖なる行事として再開したのである。この聖戦の頻度は、のちのアル・マンソールの代になると、さらに増す。彼は、宰相の地位（在位九七八―一〇〇二）につく前年から北征を開始し、定期的に年に二回以上、死ぬまでの二十五年間に五十回以上も繰り返した。東はバルセロナ、西はサンティアゴ、中央はレオンなど北部スペインのめぼしい都市、そして修道院をことごとく劫掠した。伊藤喜彦氏に言わせれば「一〇世紀末の後ウマイヤ朝宰相のアル・マンソールによる度重なる遠征・略奪・破壊活動が、北方キリスト教諸国において社会的仮死状態をつくり出した」（前掲書）。

九〇〇年代半ばからベアトゥスの『「ヨハネ黙示録」註解』の写本が制作されていった事情がここにある。今や悪の勢力としてキリスト教徒の念頭にあったのは古代ローマ帝国ではなく、イスラムの王朝国家だった。この世を終わらせる神の歴史計画、その終末思想が語られる書の註解本は、イスラムの侵攻の終焉への期待から求められていた。しかしパトモス島のヨハネと違って、その写本には「遊び」が見られる。悪しきイスラムの代替表現であるはずの龍が大きく躍動している。タバラの修道院で九七五年頃に制作されたベアトゥス写本ジローナ本では、文脈に直接関係なく、敵であるはずのイスラムの武将がターバンを翻して勇壮に描かれ【図結－7】、同じく一〇世紀に制作されたエル・エスコリアル本ではイスラム都市で盛んに増植されたシュロの木がアダムとイヴのあいだで天国の樹木として大きく登場するのである【図結－8】。一一世紀初頭になるが、余白に大道芸人の楽しげなパフォーマンスを載せた写本もある【図結－9】。この「遊び」は何なのか。どうして生じたのか。

図結-7　ベアトゥス写本ジローナ本挿絵、ターバンを翻す後ウマイヤ朝の戦士

図結-8　ベアトゥス写本エル・エスコリアル本挿絵、アダムとイヴの間のシュロの木

†ボトム・アップの地

修道院で制作されたとは言え、制作者は周囲の同時代人と共通の心性を持っていた。そもそも修道院の内部で男女が交わって子供が生まれ、

図結-9　ベアトゥス写本シロス本挿絵、大道芸人

そのまま修道士に育っていくわけではなく（捨て子が修道院へ「寄進」され修道院長にまでなった例はあるが）、ある程度の年齢になってから外部から入ってくるのである。そして日々の生活のなかで農民や商人、巡礼者、建築職人、ときには大道芸人と交わっていたのだ。この外部の人の世界が、レオン王国の場合、「人的にも流動的な辺境空間」だった。修道院の外、その四方を見渡すと、種々雑多な人間が大量に流れ込んでいたのである。

レオン王国はいわゆる「再入植運動」（イスラムのイベリア半島侵略でいったん過疎化したあと再び人が移住してきたということ）によって発展したとされるが、その「再入植」の実態は、国家主導で移住者を指定し呼び寄せたというのではなく、どこから来たのかよくわからない農民の一団や修道士のグループが既存の集落や修道院に住みつく場合が多かった。そしてさらに多かったのは「プレスーラ」という形式で、つまりそうした移民の群れが所有者不明の土地や廃墟を占拠し開発して、一定の生活を成立させたのちに、その存在と権利を近隣の有力貴族や修道院に認知させる形式だった。いわばボトム・アップで封建制度が進められたのである。

こうしてドゥエロ川流域一帯には発端において出自不明の集落や小ぶりの修道院が無秩序に発生していった。修道院といってもレオン王国のキリスト教化政策に乗って免税を期待して生まれたのであって、信仰心の篤さゆえに設立された例は少なかった。

となるとレオン王国、とくにその南部は、宗教性の希薄な人間の集まり、統一性のない人間の集まりに見えてくるが、しかし死の脅威は彼らの心を一様に襲っていたのであり、そこに根ざす深い宗教感情もまた少なからず共有されていたと思われる。キリスト教とかイスラム教といった個々の宗教の教義よりももっと根源的な宗教感情、つまり死の脅威のおかげで度を増してくる欲求、既存の道徳観を超えて異なるものとの接合を求める欲求である。それが敬虔な写本制作者の意識にまで浸透して「遊び」の表現を生んでいったと思われる。「間《はざま》」の空間がそうした感情を彼らに助長し、また彼らはこの感情に柔軟に従っていたということなのだ。

最後に墓地という「間」に注目して、西欧中世の民衆がこの根源的な宗教感情をどのように生きていたのか、その有り様を確認しておこう。

†中世の墓地

フィリップ・アリエス（一九一四－八四）は、西欧の古代から近代まで、死をめぐる民衆の心性を研究したフランスの歴史家である。その著『図説 死の文化史――ひとは死をどのように生きたか』によれば、古代ローマでは死者は都市の外に埋葬されるのが決まりだった。都市生活の秩序を乱す匂いや害毒が嫌悪されていたのである。しかし生者は死した親族や祖先の霊魂とのつながりを欲していたため、その墓は、都市のすぐ近くのローマ街道沿いに作られた。古代の墓地は、このように死者への好悪が相半ばする生者の両面的な感情のあり方を明かしている。ペトロのような殉教者もそうした郊外の墓地に埋葬されたが、やがてキリスト教が公認されると、このような殉教者の墓に人々は詣で、その墓を囲む形で教会堂が建てられ、さらにその近くに埋葬されることを望む者が増えていった。そしてそこに住みつく者の増加、つまり集住化まで起きて、町が形成されていった。生者が死者によりいっそう近づいたのであるが、しかしこれは「聖人のそばに」（アド・サンクトス）というキリスト教の発想、つまり聖人の霊の執りなしによって天国への到達が容易になることが期待されてのことだった。つまり生者が死者を天国へ送りとどけ、そしてゆくゆくはその生者も死したあとは天国へ行けるようにということであって、死者それ自身に近づくというよりは天国へ近づくことが念頭に置かれていたのだ。

やがて中世になると、都市部の教会堂の周囲、さらには教会堂の内部にも墓が作られ、さらに農村部においても同じようなことが起きてくる。アリエスはロマネスク時代の初期に農村部で頻繁に起きた事例をこう語る。

それは、人里離れて畑のなかや小高い丘につくられていた旧来の墓地が放棄され、集住地の教会と、その教会の周囲の空間へと移るという例になります。たとえば、シヴォー〔南仏の村〕では、より広くはあるが放棄された村外の埋葬地と、より墓が集中している教会周囲のものと、二つの埋葬地がみられます。じっさいこの時期〔一一世紀の少しまえ〕に、もっと移動的で教会ももたなかった居住地が、以後一千年にもおよぶ場に定着したのでした。その定着の中心になったのが、教会とその中庭だったのです。このときから、都市でも農村でも、墓地はその中心に位置することになったわけです。こうして、死者たちを町からは遠ざけておこうとする旧来のタブーは、消滅したのでした。死者たちは都市の中心へと侵入したのです。もはや、教会のない墓地が存在しないのと同様、墓地のない教会も存在しませんでした。教会そのものが、墓地となったのです。

（フィリップ・アリエス『図説 死の文化史——ひとは死をどのように生きたか』福井憲彦訳）

この農村の定位置化の背景にあるのは農業の進歩である。ロマネスク時代以前には移動式焼き畑農法が主流だった。年ごとに異なる面の荒地を焼いて耕作地とし数年後にまたもとのところに戻ってくるという原始的な農法である。農地の移動とともに農民の居住地も移動していたのだ。この場合、墓地は小高い丘の上などの遠隔地に固定されていた。しかし三圃制の農法、つまり一定の範囲の土地を三つの農地に分けて冬畑（秋まきの小麦やライ麦のための畑）、夏畑（春まきの大麦やカラス麦のための畑）、休耕地（土地の滋養を回復させるために種はまかず、家畜を放牧させておく）を順繰りに回転させていく農法が普及してくると、農民の居住地も固定されていった。そこに領主が教会堂を建てていき、その教会堂およびその中庭や周囲の土地が墓地になっていった。

†アジールで踊る人

問題なのは、この墓地の雰囲気である。アリエスによれば「中世墓地はわたしたちが現在墓地ということで念頭におくものとは、似ても似つかないものです。それは公共の場であり、ときにはにぎやかな広場であり、たとえばミサがひけたあとに人びとはそこで出会ったり、集まりをもったりしたのでした」（アリエス、前掲書）。

この墓地の活況はどうして生じたのか。

村落の教会堂も何らかの聖人や殉教者の聖遺物を持っていて、「聖人のそばに」という古代ローマ以来のキリスト教のモチーフを継承していた。しかしこの中世墓地の活気はそれだけでは説明がつかない。一二三一年のルーアンの公会議では「墓地または教会内で踊ること」への禁止令が出されている。もはやキリスト教側から見て好ましくない事態になっていたのだ。一四〇五年の別の公会議でも、墓地における踊り、賭け事、大道芸、いかがわしい商売が禁じられている。一六世紀の詩句になるが、パリのイノサン墓地の回廊の光景がこう表わされている。「回廊の中にあるものは、五百ばかりの浮かれ騒ぎ」。

アリエスはその著『死を前にした人間』で、「飼い馴らされた死」という見方を導入して、こうした逸脱へ走る中世墓地の民衆の心性を説き明している。「死が身近く、親密であると同時に衰弱し、無感覚になった」というのである。はたしてそうだろうか。人が死につつある地獄の図像やそこへ至るかもしれない煉獄での滞留への恐怖は、彼らの常なる心情だった。むしろ墓地において死者たちと身近に、そして親密に接するようになったからこそ、つまり死の脅威をよりいっそう感じるようになったからこそ、教会のなかや墓地で異常な活気が生じたのではあるまいか。見方を変えれば、中世の教会がアジールであったことにこの民衆の変容の原因があったと思うのだ。

アジールとは聖域という意味であり、俗世間から守られた避難所として制度化されていた。キリスト教だけでなく、古今東西、宗教の場に見られる考え方であり制度だ。アリエスも『死を前にした人間』でアジールに言及しているが、彼はしかしアジールの特権（在俗権力が行使されないという不可侵権）をキリスト教の聖人の慈愛（聖人は死者に対しては天国行きの執りなしを、生者に対しては現世での保護を行なう）に由来させ、いわば狭い理由づけですませている。中世社会における聖と俗の境界領域を専門に研究した歴史家、阿部謹也氏はもっと広く、また根本的な説明をアジールに与えている。引用しておこう。

アジールとは聖なる場所、避難所と訳されますが、古代からある重要な制度です。アジールの最も古い型は神聖な空間やモノと接触した者が神聖な性格をおび、誰もその人に手出しができない状態になることでした。つまり人間には計り知れない何かの力がその空間やモノにはみちていて、それがそこに入った者に移ると考えられていたのでした。神殿や祭祀の場所、墓所や森などがそのような場所と考えられていました。

（阿部謹也『甦える中世ヨーロッパ』）

ロマネスクの教会堂の床下には多くの死者が眠っている。床石がそのまま墓標になり名前が刻まれている死者はそのなかのほんの一握りの地元の聖職者や貴顕にすぎない。本書第3部第1章で紹介したフランス、ノルマンディー地方の村の教会堂、あの軒下にいかがわしいモディリオンをずらりと並べるタンのサン・ピエール教会堂も、近年、堂内の発掘が進み、中世初期から近世にかけての遺骨が三百五十体以上発見された。狭い堂内の地中に何層にもわたって村

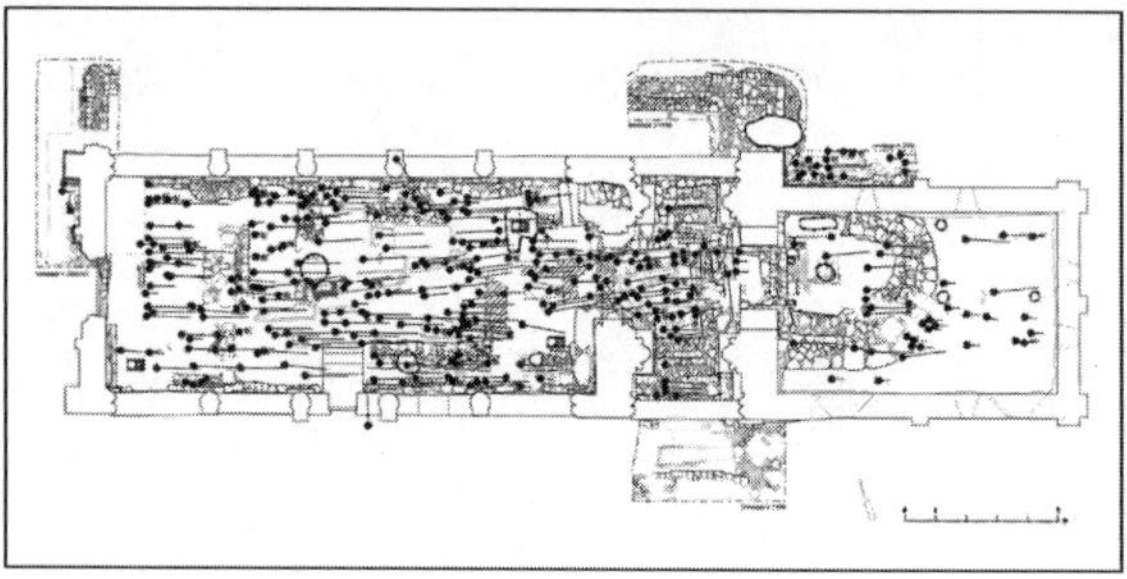

図結-10　タンのサン＝ピエール教会堂、発掘平面図（*Nouvelles de la vieille église de Thaon*, no.9, mars 2009）

人の棺が重ねられていたのだ。その総数は推定で五百を超えると言われている。発掘によってあらわになった床下の死者の群れの簡略な平面図【図結-10】を見ると、もうそれだけで異様な迫力を感じる。黒い点が頭部、そこから伸びる棒線が身体である。小さな堂内に、すべて西を頭にして一定方向にひしめくように遺体が埋められたのだ。

中世の時代、タンの村人は日曜日のミサに参列し、各自、自分や親族の救済を天上の神に願った。それが終わると、堂内の床下の誰とも知れぬ遺体の群れから立ち昇る「計り知れない何かの力」に感応して、心のうちを変容させ、ときには逸脱した会話に打ち興じ、身体を踊らせていたのだろう。モディリオンの卑猥な図像はキリスト教の見地からすれば批判すべきだが、既存の道徳を超えて人間を変容させるアジールの宗教性からすれば、ありうる姿だったのである。堂内のより根源的な聖変化から力を受けて、あのような放埓《ほうらつ》な姿や表情を外に向け「顕現」させていたのかもしれない。ロマネスク時代の人々はキリスト教とキリスト教外の宗教性をともに生きて肯定していたということだ。

†宗教とは何か

異なるものへの欲求は中世ロマネスク時代の人と文化を彩《いろど》る。死者こそは生者にとって最も異なるものだ。とは言えロマネスク社会が他者に開かれたユートピアだったわけではない。一〇九六年の民衆十字軍のおりには身近な異教徒への憎悪が高まって西欧内の大量のユダヤ人が虐殺されたし、一〇九九年に第一回十字軍がエルサレムを攻略しモスクを襲撃したときには、イスラム教徒の流す血がキリスト教騎士の膝まで達したという。現代社会の手本がロマネスク社会にあるとは私は思わない。だがそれでも現代社会が見失って久しい宗教の大切な面をロマネスクの人々は現代人の心に呼び起こす。

宗教とは何なのだろうか。

救済への願いが宗教を発生させ存続させてきたことは事実である。

人間誰しも、救われたいと願う。人間である自分にはどうにもできないことを神に願ってかなえてもらいたいと欲する。とりわけ自分や自分の愛する人、親族の生命が危機に瀕したとき、人はその回復や延命を神に願う。医療が発達した近代社会では、この意味で宗教に頼る人は少なくなったが、それでも神にすがる何らかの気持ちは誰にでも生じる。古代や中世の社会ではなおのこと救済は宗教の重要な要素だった。個々の宗教はそれぞれの地の風土、習俗、そして時代の動きに合わせて救済の体系を整え、人々に対応してきた。福音書を読む限り、イエスも、まず聖霊による奇跡を起こして、病から人を救っている。

ただ、救済への願いは、内向きの、自分本位な願望だ。個々の人間の枠のなかで、あるいはその人間の所属する共同体の枠のなかで、生命の回復や維持を求めているのだから。

人間とは何なのか。利己的であるだけが人間ではないだろう。人は、自分のあり方を壊したり、心の持ちようを変えたりしてまで、つまりは自分を変容させてまで、異なるものと結びつこうとする。理不尽で恐ろしくさえ見える人間のこの欲求にも宗教は対応してきた。他者への愛を人道的に説くだけではない。そう語る宗教家自身が変容し、尋常ではない交わりに入って、周囲の人間を畏怖させていたのである。

福音書によれば「イエスは、ただペトロ、ヤコブ、ヨハネだけを連れて、高い山に登られた。イエスの姿が彼らの前で変わり、服は真っ白に輝き、この世のどんなさらし職人の腕も及ばぬほど白くなった」(「マルコによる福音書」九―二)。イエスはこうして天上にいるはずの預言者エリヤとモーゼと言葉を交わしだしたのである。いわゆる「イエス・キリストの変容」の場面であり、その後のキリスト教絵画の主題によく取り上げられた【図結-11】。いやそれどころか芸術家の作品制作の奥義がこのような主体の変容にこそあるのだが、それはともかくこの白く成り変わったイエスを前にして「ペトロは、どう言えばよいのか、分からなかった。弟子たちは非常に恐れていたのである」（同九―六）。

　恐怖は今の自分が危機にさらされるから生じる心理である。今の自分を守っておきたいという誰しも持つ自己保存の感情だ。イエスが囚われの身になったとき、ペトロは彼の弟子であったことを三度否認している。しかし人は、一瞬だけかもしれないが、神になれる。

　ロマネスク時代の人々は、救済願望を強く持ちながら、同時に異なるものを欲していた。自己保存の心理に駆られ、死を恐怖しながら、同時に自己の外部の生ともつながろうと欲していた。彼らは、陽気に、不道徳なまでにこの欲求を肯定し、ときにあの「計り知れない何かの力」に駆られて自らを変容させてもいた。そこまで達していたからこそ、彼らの残したものは深々とした雰囲気を湛えているのである。

図結-11　ラファエッロ《キリストの変容》1520年、ヴァティカン美術館

　単純な発想と発言で騒がしい現代社会から一歩ロマネスク教会堂のなかへ踏み入る

と、そこは静謐な薄闇の世界である。

彼らロマネスクの人々が救済と変容をともに生き、自分の生命を愛し他者の生命を深く欲していたからこそ、その教会堂は静かなのだ。宗教の深みまでさまよい生きた彼らの生の幅と奥行き、そして余裕が、この石造りの素朴な空間を森閑とさせ、今もわれわれに落ち着きの尊さを教えている。

主要参考文献（文献の順番はおおよそ本文の記述の展開に準じている）

序

辻本敬子・ダーリング益代『図説ロマネスクの教会堂』（ふくろうの本）、河出書房新社、二〇〇三年

鯖田豊之『ヨーロッパ中世』（『世界の歴史9』）、河出書房新社、一九九四年

鶴岡真弓・松村一男『図説ケルトの歴史　文化・美術・神話をよむ』（ふくろうの本）、河出書房新社、一九九九年

鶴岡真弓『ケルト　装飾的思考』、ちくま学芸文庫、一九九三年

第1部

第1章

William Gunn, *An Inquiry into the origin and influence of gothic architecture*, London, Taylor, 1819

金沢百枝『ロマネスク美術革命』、新潮選書、二〇一五年

「世界建築史15講」編集委員会編『世界建築史15講』、彰国社、二〇一九年

Ferdinand Gidon, *L'Invention du terme, Architecture «romane» par Charles de Gerville (1818) d'après quelques lettres de Gerville à Le Prévost*, Société de Basse-Normandie, extrait du *Bulletin de la Société des Antiquaires de Normandie*, tome XL. II (année 1935)

後藤篤子「ローマ帝国における「異教」とキリスト教」、『地中海世界史1　古代地中海世界の統一と変容』、青木書店、二〇〇〇年

Peter Brown, Christianization and religious conflict, Ch. 21 (pp.632-664) of *The Cambridge Ancient History*, New Edition Vol. XIII: *The Late Empire, A.D. 337-425* (eds. by Averil Cameron and Peter Garnsey, Cambridge, 1998)

ポール・ヴェーヌ『「私たちの世界」がキリスト教になったとき――コンスタンティヌスという男』、西永良成／渡名喜庸哲訳、岩波書店、二〇一〇年
宮坂朋「キリスト教考古学から古代末期考古学へ」、『西洋中世研究』第五号、二〇一三年
R・L・ウィルケン『ローマ人が見たキリスト教』、三小田敏夫他訳、ヨルダン社、一九八七年

第2章

J. B. Ward Perkins, "The Shrine of St. Peter and its twelve spiral columns", *The Journal of roman studies*, volume XLII, London, 1952
アウレリオ・アメンドラ『サン・ピエトロ　アウレリオ・アメンドラ写真集』、若桑みどり・新保淳乃訳、岩波書店、一九九九年
田川建三『書物としての新約聖書』、勁草書房、一九九七年
山内眞監修『新共同訳　新約聖書略解』、日本基督教団出版局、二〇〇〇年
加藤隆『『新約聖書』の誕生』、講談社選書メチエ、一九九九年
加藤隆『一神教の誕生――ユダヤ教からキリスト教へ』、講談社現代新書、二〇〇二年
加藤隆『歴史の中の『新約聖書』』、ちくま新書、二〇一〇年
アリストテレス『詩学』、今道友信訳、『アリストテレス全集』第17巻、一九七二年、岩波書店
René Julian, *Le Candélabre pascal de Saint-Paul-hors-les-murs*, Paris, Librairie Fontemoing, 1928
マンフレート・ルルカー『シンボルとしての樹木』林捷訳、法政大学出版局、一九九四年

第2部

第1章

ピエール・クロソウスキー『ローマの貴婦人』千葉文夫訳、哲学書房、一九八九年

ピーター・ブラウン『古代から中世へ』後藤篤子編訳、山川出版社、二〇〇六年
Pierre-Yves Le Pogam, «La place du tympan du Jugement dernier d'Autun dans l'histoire de l'art: du rejet à l'éclat du retrouvé», in Cécile Ullmann, *Révélation, le grand portail d'Autun*, édition lieux dits, 2011
アウグスティヌス『神の国』全五巻、服部英次郎訳、岩波文庫、一九八二―九一年
アウグスティヌス『告白』上・下、服部英次郎訳、岩波文庫、一九七六年

第2章

John Pownall, «Observations on the origin and progress of gothic architecture, and on the corporation of Free-Masons, supposed to be the establishers of it as a regular order», in *Archaeologia*, by the society of antiquaries of London, volume IX, 1789
堀越宏一・甚野尚志編著『15のテーマで学ぶ中世ヨーロッパ史』ミネルヴァ書房、二〇一三年
R・W・サザーン『西欧中世の社会と教会――教会史から中世を読む』上條敏子訳、二〇〇七年、八坂書房
Éliane Vergnolle, *Saint-Benoît-sur-Loire et la sculpture du XIème siècle*, Picard, 1985
Césaire d'Arles, *Sermons au peuple*, tome III (sermons 56-80), les éditions de Cerf, 1986
Remy de Gourmont, *Le Latin mystique*, éditions du Rocker, 1990
Jean-Marie et Matthieu Perona, *Trésors de Mozac - sculptures romanes*, éditions Club Historique Mozacois, 2012
馬杉宗夫『ロマネスクの美術』八坂書房、二〇〇一年
越宏一『ヨーロッパ中世美術講義』岩波書店、二〇〇一年
Sophie Cassagnes-Brouquet, *Vierges noires*, éditions du Rouergue, 2000
馬杉宗夫『黒い聖母と悪魔の謎』講談社現代新書、一九九八年
田中仁彦『黒マリアの謎』岩波書店、一九九三年

第3部

第1章

Raoul Glaber, *Histoires*, traduites et présentées par Mathieu Arnoux, édition Brepols, 1997

神崎忠昭「夢はこわい――11世紀ヨーロッパのある年代記から」、『創文』、四〇二号、一九九八年九月

神崎忠昭「修道士の「ものの見方」――ロドルフス・グラベルの『歴史五巻』における幻視と奇跡を通じて」、慶應義塾大学言語文化研究所紀要、第三二号、二〇〇〇年一二月

神崎忠昭「ロドルフス・グラベルの『歴史五巻』における教皇と皇帝」、慶應義塾大学言語文化研究所紀要、第三三号、二〇〇一年一二月

神崎忠昭「ロドルフス・グラベル『歴史五巻』に見る修道院の生活」、慶應義塾大学言語文化研究所紀要、第四四号、二〇一三年三月

藤田朋久「ラウール・グラベールと「紀元千年の恐怖」」、木村尚三郎編『学問への旅――ヨーロッパ中世』、山川出版社、二〇〇〇年

澁澤龍彦『東西不思議物語』、河出文庫、一九八二年

クレルヴォーのベルナルドゥス『ギョーム修道院長への弁明』、杉崎泰一郎訳、『中世思想原典集成10――修道院神学』平凡社、一九九七年

尾形希和子『教会の怪物たち――ロマネスクの図像学』、講談社選書メチエ、二〇一三年

酒井健「《ロマネスク》概念の誕生――ノルマンディー好古家協会と好奇心の美学」、『言語と文化』、法政大学言語・文化センター、第七号、二〇一〇年

第2章

Jean-Barthélemy Hauréau, *Les Mélanges poétiques d'Hildbert de Lavardin*, Paris, Librairie Pédone-Lauriel, 1882

Adolphe Dieudonné, *Hildbert de Lavardin (1056-1133), évêque du Mans, archevêque de Tours; sa vie, ses lettres,*

Paris, Librairie A. Picard et fils, 1898
Alain Michel, «Rome chez Hildbert de Lavardin », *Jerusalem, Rome, Constantinople, L'image et le mythe de la ville au Moyen Age* (Colloque du département d'études médiévales de l'université de Paris-Sorbonne), *Cultures et civilisations médiévales V*, Sorbonne P. U. P. S., 1995
Jean-Yves Tilliette, «*Tamquam lapides vivi*..., Sur les «élégies romaines» d'Hildbert de Lavardin (ca.1100)», *Alla Sigoria, Mélanges offerts à Noëlle de La Blanchardière*. Rome: École française de Rome, 1995
柏木英彦「ラヴァルダンのヒルデベルトゥス（1）」、慶應義塾大学言語文化研究所紀要、第八号、一九七六年一二月
柏木英彦「ラヴァルダンのヒルデベルトゥス（2）」、慶應義塾大学言語文化研究所紀要、第九号、一九七七年一二月
田中英道『ルネサンス像の転換』、講談社、一九八一年
Pétrarque, *Lettres familières, tome I–VI*, Les Belles Lettres, 2002–2015
Pétrarque, *L'Afrique*, tome I–II, Les Belles Lettres, 2006–2018
ペトラルカ『ルネサンス書簡集』、近藤恒一訳、岩波文庫、一九八九年
近藤恒一『新版　ペトラルカ研究』、知泉書館、二〇一〇年
Jean de Salisbury, *Metalogicon*, J. Vrin, 2009
ソールズベリーのヨハネス『メタロギコン』、甚野尚志／中澤務／F・ペレス訳、『中世思想原典集成8　シャルトル学派』、平凡社、二〇〇二年
Bernard of Chartres, *Glosae super Platonem*, edited by Paul Edward Dutton, Pontifical institute of mediaeval studies, Canada, 1991
L'École de Chartres, Bernard de Chartres, Guillaume de Conches, Thierry de Chartres, Guillaume de Saint-Thierry, Théologie et Cosmologie au XIIe siècle, textes traduits et présentés par Michel Lemoine et Clotilde Picard-Parra, Les Belles Lettres, 2004
シャルトルのベルナルドゥス『プラトン註釈』、伊藤博明訳、『中世思想原典集成8　シャルトル学派』、平凡社、二〇

〇二年
Timaeus, a calcidio translatus commentarioque instructus, edidit J. H. Waszink, The Warburg Institute, London, England, 1962
Calcidius, *Commentaire au* Timée *de Platon, tome I et II*, édition critique et traduction française par Béatrice Bakhouche, J. Vrin, 2011
大谷啓治「カルキディウスによる『ティマイオス』の翻訳および註釈」、上智大学中世思想研究所編『中世における古代の伝統（中世研究第四号）』、創文社、一九九五年
土屋睦廣「プラトニズムの歴史における『ティマイオス』の伝統」、『法政哲学』一四号、二〇一八年
カルキディウス『プラトン『ティマイオス』註解』、土屋睦廣訳、京都大学学術出版会〈西洋古典叢書〉、二〇一九年
プラトン『ティマイオス』、種山恭子訳、『プラトン全集12』、岩波書店、一九七五年
プラトン『ティマイオス　クリティアス』、岸見一郎訳、白澤社、二〇一五年

第3章

カエサル『ガリア戦記』、國原吉之助訳、講談社学術文庫、二〇一二年
Chartres et sa cathédrale, Archéologia, hors série, numéro 5h, 1994
Voyage au Moyen Age à travers les vitraux de Chartres, textes de Colette et Jean-Paul Deremble, photographies de Henri Gaud, éd. Gaud, 2004
Agnès Montaigne et Françoise Bachelart-Hugedé, *Chartres Voyage symbolique*, Jean-Cyrille Godefroy, 2014
馬杉宗夫『シャルトル大聖堂——ゴシック美術への誘い』、八坂書房、二〇〇〇年
木俣元一『シャルトル大聖堂のステンドグラス』、中央公論美術出版、二〇〇三年
シャルトルのフルベルトゥス『詩集』、杉崎泰一郎訳、『中世思想原典集成8　シャルトル学派』、平凡社、二〇〇二年
Xavier Barral i Altet, *La Cathédrale du Puy-en-Velay*, Architecture-Skira, 2000

Sylvie Vilatte, «Anicium: du sanctuaire païen à la christianisation des Vellaves, *Revue belge de philologie et d'histoire*, tome 74, fasc.1, 1996

Émile Mâle, «Les influences arabes dans l'art roman», *Revue des deux mondes*, 7ième période, vol. 18, no. 2 (le 15 novembre 1923)

Adeline Rucquoi, *Mille fois à Compostelle: Pèlerins du moyen âge*, Les Belles Lettres, 2014

関哲行『スペイン巡礼史』、講談社現代新書、二〇〇六年

関哲行『旅する人びと（ヨーロッパの中世4）』、岩波書店、二〇〇九年

関哲行／中塚次郎／立石博高編『世界歴史大系　スペイン史〈1〉古代-近世』、山川出版社、二〇〇八年

伊藤喜彦『スペイン初期中世建築史論』、中央公論美術出版、二〇一七年

久米順子『11世紀イベリア半島の装飾写本――〝モサラベ美術〟からロマネスク美術へ』、中央公論美術出版、二〇一二年

西川和子『スペインレコンキスタ時代の王たち――中世800年の国盗り物語』、彩流社、二〇一六年

田辺加恵「グラビホの戦いに出現した「モーロ人殺し」聖ヤコブ」、『異文化交流』東海大学外国語教育研究センター異文化交流研究会発行、第一〇号、二〇一〇年

田辺加恵「グラビホの戦いにおける「白馬に乗った聖ヤコブ」の象徴性」、『異文化交流』東海大学外国語教育センター異文化交流研究会発行、第一六号、二〇一六年

関口武彦『クリュニー修道制の研究』、南窓社、二〇〇五年

ジョルジュ・バタイユ『呪われた部分・全般経済学試論・蕩尽』、酒井健訳、ちくま学芸文庫、二〇一八年

勝峰昭『神の美術――イスパニア・ロマネスクの世界』、光陽出版社、二〇一一年

安發和彦「壁画の図像プログラム」、長塚安司編集『ロマネスク　世界美術大全集　西洋編8』、小学館、一九九六年

結びにかえて

La tapisserie de Bayeux: une chronique des temps de Viking? : Actes du colloque international de Bayeux 29 et 30 mars 2007, Édition Point de vues, 2009

J・ゴンザレス・エチュガライ他、（日本語序文）辻佐保子『ベアトゥス黙示録註解－ファクンドゥス写本』、大高保二郎／安發和彰訳、岩波書店、一九九八年

Mireille Mentré, *Création et Apocalypse - Histoire d'un regard humain sur le divin*, O.E.I.L., Paris, 1984

Mireille Mentré, *La Peinture mozarabe - Un art chrétien hispanique autour de l'an 1000*, Desclée de Brouwer, Paris, 1995

フィリップ・アリエス『図説 死の文化史――ひとは死をどのように生きたか』、福井憲彦訳、日本エディタースクール出版部、一九九〇年

フィリップ・アリエス『死を前にした人間』、成瀬駒男訳、みすず書房、一九九〇年

阿部謹也『甦える中世ヨーロッパ』、日本エディタースクール出版部、一九八七年

あとがき

　本書は、宗教・社会・文化の総合的な視点に立ってロマネスクの来歴を語った試みである。古代ローマから西欧の中世中期のロマネスクの時代（九五〇頃―一一五〇頃）までを対象にして話を進めている。そのさいとくに注目したのは、これらの時代を生きた人々の心のあり方だ。イエスをはじめ名だたる宗教家、為政者、聖職者、貴族、農民の心に問いかけた。

　私は二〇〇〇年に『ゴシックとは何か――大聖堂の精神史』（講談社現代新書、現在はちくま学芸文庫）を上梓した。これは一二世紀半ばから近代までゴシックをめぐる西欧の人々の心性を追っており、本書はそれ以前に遡ってこの西欧精神史の試みを補完している。いわば姉妹作だ。

　ロマネスクという様式名はロマネスクの時代にあったわけではない。一九世紀の初めに英仏両国の二人の好古家が教会建築を念頭にそれぞれに編み出した言葉である。意味するところはほぼ同じで「ローマ的でありながらそうでない」という曖昧なあり方を指す。

　本書で私は曖昧さに重要な価値を置いている。そこに、異種のものをつなぐ働きがあると見ているからだ。古代ローマと中世の関係もそうだが、とくにキリスト教と異教、さらに生と死、精神と物質、見えるものと見えないものなど、根本的に異なるものがロマネスクでは曖昧に結ばれている。その様子を私は本書で古代から中世に向けて追いかけた。そのさい啓示となり導きの糸になったのが、現代イギリスの歴史家ピーター・ブラウンが語った「故意の曖昧さ」（a studied ambiguity）である。古代ローマ末期のキリスト教が異教に対して取った姿勢を簡潔に言い表した言葉だ。私にとってこの言葉はロマネスクを解く鍵になった。中世になると、意図的な曖昧さの度合いが、豊かな自然を背景に一段と増すのである。この言葉の出典の詳細を教えてくださった古代ローマ研究の泰斗、後藤篤子先生に深く感謝したい。

つながりの問題を現代に見て、我が国を世界から眺めれば、この極東の島国は西欧キリスト教文明圏とまったく異種の間柄にある。それでいてとくに一九八〇年代からは、そのつながりがめざましく進んだ。多くの人が観光で西欧諸国を訪れ、何がしか心に残る体験を得てくるのもこの頃からである。学問の世界では留学や研修で滞欧する日本人が増え、西欧中世の分野でもその成果が今日次々と発表されるに至っている。

私はジョルジュ・バタイユ研究のため一九八三年九月から三年半近くパリ大学に留学した。その当初、留学機関が文化紹介の一環で組んだブルゴーニュ地方への日帰りのバス・ツアーに参加したことがあった。地方都市ディジョンの美術館から田園のなかのワイン製造農家の酒蔵へ。その途次では小さなロマネスク教会堂に立ち寄ってくれた。私にとってロマネスクとの最初の出会いである。午後の陽差しを浴びた西正面扉口の前で、ワイン焼けしたような赤ら顔の司祭さんがこう説いた。「ロマネスクはあえて左右の扉口を非対称に造ったのですよ」。この美意識が教会堂周囲に広がる豊かな自然とつながりがあり、他方でバタイユの思想ともつながりのあることに気づくのに私はずいぶんと時を要した。

バタイユはフランス現代思想のパイオニアであるが、若い頃、母方のいなか、オヴェルニュ地方の小村リオン＝エス＝モンターニュのロマネスク教会堂で瞑想にふける日々を送った。あるときなど堂守が夕暮れに扉を閉めるのに気づかず、一晩閉じ込められたことがあったという。彼が祈りにふけった祭壇の前からは、イエスの磔刑像はもちろんのこと、列柱の頂きに植物や動物、不可解な神話上の存在、さらに兵士や大道芸人の像を見ることができる。バタイユは、そうした中世の世界に沈潜したのち、とりわけ神学、騎士道、武勲詩に関心を持つようになり、大学はパリの古文書学校に進んで、中世文献学に向かったのである。一九一八年十一月、第一次世界大戦の終結するまさにそのときのことである。そして優秀な成績で卒業したあと彼はパリの国立図書館の司書になり、その仕事のかたわら歴史、美学、さらに同時代の哲学や政治に関心を広げ、思想家になっていく。その思想形成において、中世の文化所産によって培われた若い頃の感性が重要な役割を演じたと私は思っている。中世を問うことによってバタイユを根底から捉えることができ、またバタイユの、たとえば蕩尽の視点からは中世の文化のありようを垣間見ることができる。そもそもフランス現代思想は西欧近代への批判とともに古代や中世の文化とは地続きの面があり、さきほど紹介したピーター・ブラウンもミシェル・フーコーの『性の歴史』に触発されたと聞く。

フランスの魅力はなんといっても豊かな自然であり、中世ロマネスクの時代には森はもっと鬱蒼と広がって神聖な雰囲気を醸し出していたのだ。本書は自然とのつながりを重視している。石といえば生命なきものと思われがちだが、ロマネスク教会堂の石材は当時の人々の息吹きと共存している。フランスのトゥルニュスのサン・フィリベール教会堂を訪れたとき、私は堂内に入ってすぐ、ナルテクスの闇の空間で、あまりに太い石柱にほだされ思わず抱きついたことがあった。このとき石柱は私にロマネスクの深く豊かな生命感を返してくれた。

二〇二〇年初頭からのパンデミックのため、もはやこのようなロマネスクとの密接な交わりはかなわなくなった。

追憶のなかで石は生き続けている。ロマネスク時代の人々が石造りの教会堂のなかでどれほど強くつながりを求めていたか、本書で私は右に左に揺れ動きながら、この一点に向けて話を進めた。第3部の最後の数ページ、そして「結びにかえて」の末尾で私の想いは吐露されている。まだ見ぬ読者の方々とその想いを少しでも分かち合えたなら、これほどの喜びはない。

二〇二〇年六月　　　　　　　　　　　　　　　　　　　　　　酒井　健

ちくま新書
1525

ロマネスクとは何《なに》か
——石《いし》とぶどうの精神史《せいしんし》

二〇二〇年一〇月一〇日　第一刷発行

著者　酒井健（さかい・たけし）

発行者　喜入冬子
発行所　株式会社筑摩書房
東京都台東区蔵前二-五-三　郵便番号一一一-八七五五
電話番号〇三-五六八七-二六〇一（代表）
装幀者　間村俊一
印刷・製本　株式会社精興社

ISBN978-4-480-07333-4 C0222